Emmanuel Khérad

Regarde le monde

Récits de voyage à la rencontre des écrivains et des artistes

Stock

ISBN 978-2-234-09681-3

À Lucas,

Sommaire

Préface

Le passeur des deux rives

Pour la défense de la langue française, Emmanuel Khérad n'a pas épargné sa peine. Depuis le début, depuis qu'il s'est emparé d'un micro, magnétophone dans sa besace, visage au vent, regard scrutant les arrière-plans, nerfs tendus pour déjouer les dissonances et les mauvaises vibrations, les avions ou les coups de canon, les vrilleuses et les chiens aboyeurs, Emmanuel Khérad s'est consacré à ceux et celles qui, en l'écrivant, en la racontant, ont servi notre langue.

Emmanuel Khérad n'est pas sectaire. Il ne cesse pas de le répéter, il n'y a pas d'orthodoxie, pas d'académisme, pas d'exclusion, pas d'obligation à quitter le territoire de l'imaginaire. Notre langue est métisse. Par son histoire, par son héritage, par son audace, elle donne un souffle et une énergie à notre culture, elle fait vivre des inventions, des mots, des images qui voulaient sortir de leur gangue, elle imagine le réel. S'il n'y avait pas ce combat, cette prise de son, cet inventaire, cette énumération, ce désir, la langue française serait très menacée par cet ersatz de fantasme contemporain qui est celui d'une langue universelle. D'Europe, d'Asie, d'Océanie, d'Afrique – d'Afrique surtout – vient l'idéal multiculturel qui fait vivre notre langue, Emmanuel Khérad n'en doute pas puisqu'il parcourt le monde pour en saisir la diversité, il court le monde et le restitue en parlant, en dialoguant, en lisant et en faisant lire les mots de notre pluralité : le verbe de Mabanckou, de Stétié, d'Adonis et de Vénus, de Slimani et de Binebine, de Sami Tchak, de Fawzia Zouari, Ananda Devi, Nathacha Appanah...

Il est, pour paraphraser le lecteur de saint Augustin, le passeur des deux rives, la sienne, et l'autre, que seule l'aventure découvre. Il est la barque qui unit ce qui nous compose, ici et là, au gré du temps qui s'écoule.

Pour moi qui suis Niçois, il n'y a pas de doute – même s'il s'en défend – qu'Emmanuel est de la ville de Nice, où il est né et où il a grandi, face à la Méditerranée, le long de cette Prom' où il aimait patiner à roulettes, où il voudrait, s'il n'était pas si tard, recommencer à se lancer sur ses rollers tout neufs pour filer au ras des voitures, faire envoler les pigeons et effrayer les dames trop dignes. Il y revient, chaque fois qu'il le peut, pour vérifier que, malgré les boursouflures et les enflures du temps du tourisme pléthorique, il reste bien quelque chose de cette innocence perdue. Ou bien parce que, comme tous ceux qui sont de ce bord, il ressent à la fois le bonheur méditerranéen et la vocation du malheur – guerres, affrontements politiques, défilés appelant à la haine, et, depuis ce 14 juillet fatal de 2016, comme un pressentiment impossible à comprendre, la charge du camion fou vers un enfant venu sur le bord de mer pour admirer l'éclat du feu d'artifice.

Puisqu'on ne peut pas refaire l'histoire, faire renaître ce qui a été détruit, il reste le voyage. Pour Emmanuel, le goût du dépaysement, le rêve de l'ailleurs, le désir d'être, le temps d'une lecture, le temps d'une phrase, un autre ?

« Combien de voyages avons-nous faits dans notre vie ? Que recherche-t-on à partir loin de chez soi ? Il arrive que l'on fasse un point sur son existence en quantifiant les départs, les déplacements lointains et les changements de lieux, aussi ponctuels soient-ils. Nous savons tous que nous ne pourrons pas visiter tous les lieux de nos envies. Mais à chaque départ, on magnifie le voyage. On imagine un ailleurs qui va nous ressourcer, nous cultiver, nous enrichir de nouvelles traditions et cultures. Et pourquoi ne pas se projeter sur une nouvelle vie dans un nouveau lieu ? Ce fantasme permet de rêver, mais aussi de penser à vivre autrement. Quitter la routine et les soucis, tout plaquer pour se repenser et s'intégrer dans un autre environnement salvateur, c'est sans doute cet objectif que l'on cherche à atteindre. »

Il parle de Guy Tirolien et de la Marie-Galante, de la poésie rude et raffinée de la langue créole, de Jean-Marc Turine et de la mémoire des Tziganes de *La Théo des fleuves*, Simonetta Greggio et son goût de la vie en couleurs, de la danse des gnaouas au son de la guembri, de la citadelle d'Essaouira/Mogador donnant sur la comète, des palais de pisé et des remparts ouvrant leurs portes à Orson Welles, pour son *Othello*, ou encore à Pasolini qui rêvait de l'Attique avant Sophocle, quand Œdipe marchait contre le soleil pour rencontrer sa destinée.

Emmanuel Khérad célèbre ce qui survit aux guerres féroces de Mangin et aux tremblements de terre : la fraicheur d'un regard d'enfant – le sien –, un rire grêle, le rythme des darboukas et des pieds nus sur la terre, le grincement des cordes des ouds.

Peut-être doit-il vraiment tout cela à Nice la belle, à son dédain superbe et un peu désabusé de l'exotisme – après le passage des Phéniciens, des armées turques ou françaises, après les bombes et les plâtres du Carnaval, après la Russie extravagante et cruelle aux filles du temps de Moussia, après la misère des vieilles cantatrices dans les cours d'immeubles, et les émigrés d'Algérie entassés avec leurs gosses sur les quais, en attente d'une chambre, d'un mot, d'un verre d'eau fraîche.

Emmanuel nous ouvre le chemin qui conduit au bonheur d'ailleurs, au nouveau, au tragique ou au drolatique, au contradictoire – cela s'appelle l'universalité, probablement.

J.M.G Le Clézio

Introduction

C'est un jour à Séoul avec Jean-Marie Gustave Le Clézio que l'idée de ce livre est née. Alors qu'il me rappelait les nombreux voyages que nous avions effectués tous les deux, il avait évoqué le fait que tous ces voyages autour de la francophonie et vers d'autres pays lointains étaient une mine d'informations, de partage et de transmission. Je me suis alors dit qu'il faudrait un jour laisser une trace de mes rencontres et des impressions laissées par les villes et les pays que j'ai visités. D'une part car j'ai toujours réfléchi à la façon dont les voyages infusent en nous, d'autre part parce que ces échanges à travers le monde ont fait ce que je suis devenu au fil des années.

Je ne suis pas un écrivain. Je suis un journaliste de l'audiovisuel qui s'est nourri de ses escales culturelles et sociales, professionnelles et personnelles.

J'ai donc voulu vous faire voyager et partager des instantanés de vie, des moments de déambulation empreints de sujets et de thématiques fortes à travers lesquelles, je l'espère, vous retrouverez une part de vous.

Ces découvertes sont articulées autour de thèmes universels, entre la nouvelle et le reportage. Le « nous » qui est employé au fil de ces narrations est un « nous » collégial, qui vous implique et vous associe, en compagnie de personnalités engagées. En fin de chaque chapitre, le récit passe à la première personne pour vous donner ma perception intime de ces voyages et des sujets abordés.

Ce livre s'adresse à tous ceux qui m'ont suivi à la radio et à la télévision ces vingt dernières années, qu'ils en soient ici grandement remerciés. Je sais d'où je viens et je sais à quel point ce public a fait le succès de ma vie professionnelle.

Il s'adresse aussi à tous les lecteurs qui ont soif de découvertes et d'apaisement. Il dresse un état du monde sélectif, partial et partiel, dans une démarche humaniste.

En écrivant ces récits, j'ai souvent pensé aux libraires indépendants qui se battent au quotidien pour la liberté et l'ouverture sur le monde à travers toutes sortes de livres. Ils sont un maillon essentiel de la culture, et ils entretiennent la passion et l'envie de découvrir des auteurs et des textes. Sans eux, le monde du livre ne serait pas ce qu'il est.

Merci à ceux de mon entourage qui ont cru à mes engagements tenaces toutes ces années dans les médias et à cette intention d'écriture avant, pendant et après la rédaction de ce livre. Merci à ceux qui y ont contribué de près, Manuel Carcassonne et Sandra Monroy des éditions Stock, ou de loin, par ses encouragements et son soutien, mon fidèle collaborateur Jean-Philippe Veret. Merci à tous les auteurs et artistes qui sont cités dans cet ouvrage, et à tous les autres que j'ai la chance de côtoyer chaque jour ; ils sont mon moteur et ma source d'inspiration permanente.

Marie-Galante – Guadeloupe

L'universelle insularité

L'arrivée à Marie-Galante en bateau est un enchantement. Après une petite heure de navigation, la chanson de Laurent Voulzy *Belle-Île-en-Mer, Marie-Galante* en tête et en boucle sur cette mer turquoise des Caraïbes, se dresse le port de Grand-Bourg. Sur la gauche en arrivant, on distingue une distillerie de rhum. À Marie-Galante, il y a sûrement le meilleur rhum des Antilles. Le rhum Bielle, celui qui est le plus doux, le moins alcoolisé, 50° quand même et une légère coloration paille. Boire ce rhum avec un quartier de citron vert est un voyage en soi. Le boire à Marie-Galante est un miracle de la vie.

Des enfants sont excités à l'idée de fouler le sol de l'île sans doute pour la première fois, avec l'innocence de leur juvénilité attendrissante. Qui n'a pas eu envie un jour de rester un peu plus longtemps avec les enfants des autres, après une scène émouvante ou un échange de regards complices ? L'un d'entre eux, curieux et inquiet, demande s'ils reprendront le bateau dans quatre jours. Quatre jours sur Marie-Galante ! La parenthèse enchantée, la chance des enfants de vivre des moments souvent imposés mais qui resteront gravés en eux.

Débarquement pour tout le monde, chacun avec son séjour à venir en tête. Nous nous y arrêterons la journée seulement, un peu envieux, un peu jaloux d'Évan, le gamin du bateau.

Un dégradé de bleu dans le ciel fragmente quelques nuages, un autre bleu sur la mer se répand aussi et change de couleur en fonction des fonds, parfois un bleu clair transparent, parfois un bleu foncé qui fait penser aux pierres lapis-lazuli. On pourrait même croire que le soleil qui scintille sur la mer lui confère des éclats jaunes comme on les trouve dans cette roche. L'histoire de l'humanité a donné des vertus au lapis-lazuli. Aphrodisiaque dans la Rome antique, pierre purificatrice au Moyen Âge, on pensait qu'elle rajeunissait le corps et l'esprit, nous délivrant des erreurs. Les guérisseurs l'utilisent aussi pour préserver les voies respiratoires et les yeux. Tous ces mots et toutes ces vertus résonnent avec l'île. Nous allons en être les premiers témoins.

Max Rippon nous attend sur le port, dans une tenue légère de circonstance mais soignée, entre les touristes et les habitants de l'île tous en short, bermuda, t-shirt, chemise ouverte ou débardeur. Le dénuement commence par ces préférences vestimentaires.

« Salut île, c'est moi. Voici ton enfant qui revient ! » proclamait Guy Tirolien dans son poème *Redécouverte*[1].

Max, avec son accent prononcé, va nous guider sur les traces du poète de légende, celui qui était cité par les écoliers de la Guadeloupe quand on interdisait encore de parler créole en classe. C'est ce poème qui sera notre chant d'accueil sur le petit port marchand de Grand-Bourg, en français d'abord, puis en créole.

« Par-delà la ligne blanche des brisants
Et plus loin que les vagues aux paupières de feu
Je reconnais ton corps brûlé par les embruns

1. Dans *Balles d'or*, éditions Présences africaines, Paris, 1982.

J'ai souvent évoqué la douceur de tes plages
Tandis que sous mes pas
Crissait le sable du désert. »

Tirolien, célébré en 2017 partout en Guadeloupe pour le centenaire de sa naissance, est mort en 1988. Né à Pointe-à-Pitre, il restera toute sa vie enraciné à Marie-Galante, où ses grands-parents étaient agriculteurs et où il passera son enfance. Poète engagé dans le combat de la négritude porté par le voisin martiniquais Aimé Césaire, le Guyanais Léon-Gontran Damas et par le Sénégalais Léopold Sédar Senghor, Tirolien sera au cours de sa carrière nommé administrateur de la France d'outre-mer en Afrique, au Niger, en Côte d'Ivoire, au Soudan et en Guinée. Il aurait ainsi contribué au rapprochement entre les Antillais et les Africains.

Le début de cette escale commence par une visite du centre-ville avant d'aller voir l'épouse Thérèse Tirolien dans sa demeure qui domine Marie-Galante, sur les hauteurs. Dans ces rues du centre flotte encore l'ombre du poète. Max se souvient, poète un peu lunaire lui aussi. Il se gare sans se garer devant une maison qu'il veut nous montrer.

Ici, on pose la voiture… et les autres attendent parfois derrière ces voitures égarées. Le ton ne monte pas, on ne râle pas. C'est une autre façon de vivre qui apaise instantanément, comme une bulle de confort bienveillante.

Devant nous, une vieille maison construite en 1903, juste derrière l'église Notre-Dame de Marie-Galante jaune et blanche, fraichement rénovée, et la place du marché avec une dizaine de vendeurs protégés par des parasols multicolores.

Quatre fenêtres encadrées par des murs de pierre : c'est ici que Guy Tirolien vivait avec ses parents. Son père fut maire de Grand-Bourg et député français.

Max Rippon raconte. À l'époque où Tirolien est adolescent, il y a peu de voitures, on circule en calèche tirée par des chevaux qui croisent parfois des voitures américaines flambantes. La liberté de se mouvoir est sans danger pour les enfants, la frénésie des villes est ici ralentie par un mode de vie insulaire, entre la tradition et quelques incursions de ce que l'on appelle le progrès.

Max est aussi écrivain, auteur de deux romans et de cinq recueils de poésies, dont *Brisures de mots*, préfacé par la grande écrivaine guadeloupéenne Maryse Condé. Il est né à Grand-Bourg et s'est passionné très jeune pour la figure et la prose poétique de Guy Tirolien, l'intellectuel local qui donnera ses lettres de noblesse à Marie-Galante. En se rapprochant de lui, Max devient une sorte de fils spirituel pour Guy. Pour l'honorer, et dans une démarche militante insulaire, il traduira une partie de ses poèmes en créole, dont *Redécouverte* et *Prière d'un petit enfant nègre*.

Il dit prendre la cadence du pays et la transmettre : « *Il faut de l'énergie pour comprendre Marie-Galante. Il faut déjà être soi-même et en paix avec soi-même pour rester ici et accepter le temps de l'étiage. Il faut avoir assez d'éléments sur la culture locale pour rester trois jours en apnée, sans rien, pour germer à partir de l'hydrométrie d'ici et devenir une fleur d'ici. Malheur à celui qui vient ici en pensant fleurir autrement !* »

Un Corse n'aurait pas mieux formulé ce désir et ce besoin des insulaires de voir les autres respecter l'île et s'adapter à ceux qui y vivent. Le respect entraine le partage. C'est la première condition à une possibilité d'échange ou de relation. Être en lien avec l'autre passe par l'humilité, mais cela reste un choix. D'autres adopteront une attitude ourlée d'outrance et de condescendance. Pourtant, on ne colonise pas une île, on ne la conquiert pas. On ne l'investit pas avec ses principes et ses méthodes puisés ailleurs, cela ne fonctionne jamais.

Ici, à Marie-Galante, on vit donc autrement. On prend le temps, on flotte encore, même débarqué du navire. Les coqs et les poules vivent eux aussi différemment. En allant vers la maison des Tirolien, il faut prendre garde aux poulets qui traversent ou à ces bataillons de poules sur la route qui picorent quelques graines essaimées, hors du temps, improbables. Les voitures ne sont pas toutes puissantes, elles s'adaptent dans ces contrées. On peut conduire comme un fou, un peu comme Max, mais un fou raisonné par la nature et les bêtes !

Des flamboyants bordent la route. « Un boucan de feu », comme le dit Max, tant les couleurs rouges sont intenses et envahissent le décor. Quelques couples de tourterelles autour des acacias nous regardent passer avec nonchalance alors que nous arrivons au sommet d'une colline. La mer en face, Grand-Bourg en contrebas, la Dominique presque à portée de main sur la gauche, les îles Saintes sur la droite, à tribord toute, Basse-Terre et le dégradé de bleu encore et toujours, rassurant, régénérant.

C'est un chien sympathique qui nous accueille et qui joue le rôle de sonnette. Un chien poli, dira Max ! À Marie-Galante, on ne s'encombre pas d'avertisseurs sonores. Là encore, on écoute la nature et on imagine le son de la mer au loin. Sur la terrasse qui surplombe la face sud de l'île, une nappe traditionnelle en tissu madras et déjà Thérèse qui va chercher une bouteille de rhum arrangé. Il est 10 h 30 du matin, mais il n'y a pas de contraintes horaires pour boire ce breuvage artisanal que l'on se doit d'avoir et de préparer dans toutes les maisons, dans toutes les familles.

Max Rippon nous a emmenés chez lui trente minutes plus tôt. Un petit tour pour nous montrer où il loge, comment il vit parmi ses plantes remarquables et ses arbres fruitiers. Il nous a fait boire un jus. Ne demandez pas quel jus, ce n'est pas important. On dit boire un jus. Et c'est une fois les bouteilles sur la table que l'on saura. Pour nous, ce sera goyavier, suave et dense, avec une pointe d'acidité, une odeur veloutée, l'impression de croquer le fruit et de laisser son liquide couler en nous. Le jus de Max a préparé le terrain pour le rhum de Thérèse !

Dans la maison blanche, Max cherche Thérèse avec une formule bien à lui : « Y a du monde ? Y a du monde ? » dit-il en entrant dans toutes les pièces. Dans le salon, un puits de savoir. Le sol est creusé pour dessiner un grand rectangle où se logent des fauteuils en rotin. On y descend grâce à quelques marches avec, tout autour, des livres, et au-dessus, quand on lève les yeux, un grand escalier de bois qui mène à une vaste mezzanine. Mais c'est dehors que Thérèse nous installe, sur une terrasse ombragée, pour que l'on puisse profiter du paysage et des senteurs des fleurs depuis cette demeure de La Treille.

Après quelques gorgées de rhum matinales, que l'on nomme « décollage » et qui nous brûlent un peu la trachée, Thérèse Tirolien commence le grand récit du poète.

Mélomane, il était attaché au rythme dans sa vie comme dans son écriture. Amateur de jazz, de musique classique et de biguine, il affectionnait particulièrement Alexandre Stellio, musicien martiniquais né en 1885, qui sera l'élève d'un autre artiste de renom : Isambert, surnommé « Serpent maigre ». Ce dernier échappera de peu à l'éruption de la montagne

Pelée en 1902 à Saint-Pierre, qui fut la plus grande ville de la Martinique. Toute la cité sera décimée. Trente mille morts. Il restera une poignée de rescapés, dont le célèbre Louis-Auguste Cyparis célébré dans la littérature antillaise, et donc ce fameux Serpent maigre ! C'est lui qui fera connaitre la biguine à Paris lors de l'exposition coloniale et internationale de 1931, triste événement, soit dit en passant, quand on regarde l'histoire avec le recul d'aujourd'hui. Les peuples colonisés caricaturés, les noirs ensauvagés. Une honte pour la France.

Stellio, qui rendit hommage à son modèle avec une chanson intitulée *Serpent maigre*, fascinait Tirolien. Toute sa poésie est écrite en rythme avec des allitérations et des assonances appuyées. Quand on écoute Stellio, on comprend mieux l'écriture de Guy Tirolien, également inspiré par ses comparses Damas, Césaire et Senghor.

Son poème *Prière d'un petit enfant nègre*[1] restera dans les mémoires des Antillais comme un

1. Dans Léopold Sédar Senghor, *Anthologie de la nouvelle poésie nègre et malgache de langue française*, Presses Universitaires de France, 1948.

plaidoyer salutaire avec la force d'une poétique et douce rébellion. « *Quand il a écrit ce poème-là, à la demande d'une femme martiniquaise qui organisait des rencontres littéraires à Paris, je ne sais pas s'il avait pensé que cela marquerait autant. L'école de la République française n'était pas adaptée en Guadeloupe. On nous apprenait des choses qui n'étaient pas d'ici, qu'on ne comprenait pas, comme cette formule : nos ancêtres les Gaulois ! Et rien sur notre histoire de la Guadeloupe. Ce poème raconte pourquoi un enfant ne veut plus aller à cette école de la France* », explique sa veuve.

« Seigneur, je suis très fatigué.
Je suis né fatigué.
Et j'ai beaucoup marché depuis le chant du coq
Et le morne[1] est bien haut qui mène à leur école.
Seigneur, je ne veux plus aller à leur école,
Faites, je vous en prie, que je n'y aille plus.
Je veux suivre mon père dans les ravines fraiches
Quand la nuit flotte encore dans le mystère des bois
Où glissent les esprits que l'aube vient chasser.
Je veux aller pieds nus par les rouges sentiers… »

---

1. La colline.

« *Mon mari était un humaniste avant tout et il avait confiance en l'homme. Guy croyait fortement en un monde nouveau, enrichi des autres cultures et des apports des autres pays.* » Thérèse était la gardienne du temple. Elle aussi est partie désormais. Un 15 août, au cœur de l'été 2021. Elle a quitté ce monde, mais je suis sûr qu'elle veille encore avec sa douceur sur la plus galante des îles.

Marie-Galante est l'un des joyaux de ce monde, si éloignée géographiquement, même pour les Antillais. Une île qui a conservé son authenticité et qui nous le rappelle dans chaque rue, chaque quartier, chaque lieu. Sur la droite de l'embarcadère en marchant vers l'entrée de Grand-Bourg, une grande plage. La mer se répand sur le sable et dessine une fine rangée d'algues d'un vert intense, une matière compacte mais soyeuse. Les pieds se posent sur la douceur de ce mélange d'eau et de sable. Impossible de ne pas succomber à cette sensation, celle de la peau caressée par des vagues formées de temps à autre par de petits rouleaux d'écume blancs.

Dans le ciel, de gros nuages, comme posés sur les palmiers sur toute la longueur de la baie, et un peu plus loin, une échoppe de bois installée sur le bord de la route. Des boissons et quelques marques de cigarettes dissimulent un espace de sable avec des tables en bois, des coqs en liberté et un âne placide. C'est un bar de plein air désordonné qui laisse entrevoir la mer à quelques mètres, avec ses odeurs d'iode et de bois flotté rongé par le sel et les fragments de corail. Les pieds nus autour d'une bière locale, on se prépare au départ. Dernière respiration, dernière sensation de bout du monde, la nature prend le dessus et aiguise notre olfaction. L'impossibilité du départ se fait ressentir. Tout nous maintient ici en vie. Tout nous incite à regarder le monde autrement. Tout nous empêche de quitter cette table embellie par les grains de sable et enchantée par ces coqs à nos pieds qui symbolisent la liberté insulaire.

*

Alors déjà vient le souvenir de cette rencontre avec Thérèse et Max. Comme une pierre posée sur le chemin d'un parcours de journaliste voyageur à la rencontre des autres cultures, elle domine tout mon être. Purifié, un peu rajeuni de corps et d'esprit, chargé de soleil et de couleurs, je suis parti de Marie-Galante délivré, les yeux grands ouverts, la respiration apaisée, comme si la pierre lapis-lazuli avait agi sur moi. En reprenant le bateau après cette balade en bord de mer, les pieds enveloppés par l'eau, j'avais ce bleu en moi. Il y est resté depuis. Marie, tu me manques !

À la mémoire de Thérèse Tirolien

Séoul – Corée du Sud

La liberté

L'immensité de la ville de Séoul se dessine dès l'approche en avion lorsque l'on survole les îles de la mer de Chine orientale qui jouxtent l'aéroport d'Incheon, lui-même installé sur une île. Celle-ci est reliée au continent et à la capitale de la Corée du Sud par une route qui enjambe la mer sur plusieurs kilomètres. Depuis cette route en stricte ligne droite, le gigantisme assaille le voyageur européen. La mer calme et grise s'étend à perte de vue. Au loin, une multitude de tours et une ville que l'on imagine en ébullition. Le ciel est laiteux. Même par beau temps, il y a ce voile qui couvre la métropole.

Dix millions d'habitants à Séoul, vingt-deux dans l'agglomération, soit presque la moitié de la population du pays, et une organisation de la ville au carré. Tout est fluide, propre et ordonné. À l'aéroport, le sol brille. On pourrait s'y allonger sans se salir, même vêtu de blanc. Les halls sont immenses, clairs et immaculés. Des groupes de musique traditionnelle en apparat font patienter les voyageurs dans le calme et la douceur. Cette incroyable netteté laisse imaginer une planète inconnue, comme dans un film de science-fiction.

Dans les quartiers commerçants, populaires et touristiques, le léger désordre est lui aussi organisé pour que chacun puisse déambuler sans pression, sans bousculades. La nuit, Séoul est presque vide de ses habitants, les feux tricolores contribuent à éclairer des rues sécurisées par de très larges passages piétons et des lampadaires modernes qui font scintiller la ville dans une étrange lumière douce. De rares passants se croisent sans s'attarder pour se rendre au travail ou rentrer chez eux.

C'est dans cette ambiance de vivacité et cette atmosphère cotonneuse que se vit Séoul. Malgré la densité de la ville et de sa population, on s'y sent à l'aise car il y a de l'espace. Les routes, les artères commerciales, les centres de la consommation, les lieux d'expositions ou de conférences, tous sont construits et pensés pour que la circulation se fasse dans l'aisance.

L'architecture mêlée judicieusement à la nature environnante laisse planer une forme de poésie. Les citoyens sont rêveurs, mais disciplinés et résistants face au voisin effrayant et menaçant. Des dérivés de haïkus, ces traditionnels poèmes japonais, viennent à l'esprit au fil du voyage.

« Sous le ciel de Séoul embrumé
Des humains placides
Face à eux la sombre possibilité déchaînée. »

Jean-Marie-Gustave Le Clézio, prix Nobel de littérature, y a vécu quelques mois. Il a même publié un roman qui propose une immersion étonnante dans la ville. *Bitna, sous le ciel de Séoul* est un conte sur la liberté, mais il est surtout une invitation au voyage

Grand, simple mais élégant, il nous accueille à Séoul pour marcher sur les traces de ses personnages. Le meilleur moyen de visiter une ville est, dans l'idéal, de s'appuyer sur une œuvre littéraire qui nous a marqués, qui est restée tellement en mémoire que l'on a envie de s'y rendre, de vivre à son tour des scènes du livre.

« C'est la couleur du ciel qui me marque le plus quand je suis à Séoul. Il y a un côté un peu brumeux dans cette ville qui est au bord de la mer, un air de couleur perle, un peu diffus, une atmosphère presque irréelle. Cela donne un sens particulier au voyage ici », raconte, avec sa voix grave et apaisée, Jean-Marie Gustave.

Séoul est une ville divisée en deux parties séparées par le fleuve Han. Dans le quartier d'Insa-dong, un vieux quartier de la ville du nord, se trouvent des artisans, des salons de thé et des restaurants coréens nichés dans de petites ruelles perpendiculaires à la grande rue piétonne. Il y a une vie en opposition à la ville du sud, Gangnam, où les gratte-ciel, la modernité et la musique K-pop tranchent avec ces quartiers authentiques et parfois un peu « louches », comme le dit Le Clézio.

La ville est si grande qu'il est compliqué de l'arpenter à pied. Il y a tant d'endroits à découvrir entre les artères modernes, qui ont été restaurées et reconstruites, et les interstices urbains. C'est une ville qu'il faut parcourir en métro ou en bus. On ne peut pas la découvrir d'un bout à l'autre à pied. *« Pourtant, je suis un grand marcheur »*, raconte Jean-Marie Gustave Le Clézio, avec son charisme, qui marche volontiers dans cette ville de Séoul où l'on croise des marchands de souvenirs, de vêtements ou de spécialités culinaires locales. Entre des bâtiments vétustes et des magasins récents, lisses comme ailleurs, se trouvent des curiosités commerciales siglées de caractères coréens. Des vendeurs de rue en triporteur ou munis de simples tables roulantes sont chargés de produits alimentaires. Toute cette ambiance donne une couleur unique aux ruelles du nord de Séoul qui vivent avec les habitants plus qu'avec les touristes, beaucoup plus enclins à visiter le sud ou les bords du fleuve Han.

C'est dans ces recoins que l'on décèle des chemins et chaussées plus rustiques, authentiques et non aseptisés. Les ruelles crasses de Séoul encombrées de cartons, de ferraille, de palettes et d'autres objets à l'abandon se cachent entre les buildings clinquants, en arrière-boutique. Audessus de nous, dans ces quartiers, un entrelacs de fils électriques noirs, emmêlés comme dans un sac de lacets. On y entend les sonorités d'un monde inconnu, propres aux pays asiatiques. On y respire un air vicié par la poussière et les effluves gras de cuisine. On y ressent toutes les aspérités d'une ville voulue exemplaire et flamboyante par les autorités. « *Je ne suis pas quelqu'un qui voyage mais qui se déplace, et j'aime être dépaysé pour entendre d'autres sons, d'autres langues. J'éprouve un grand plaisir à écouter une langue étrangère même si je ne la comprends pas. Je suis né à Nice, d'une famille mauricienne, j'étais un Niçois pas très adapté à cette ville. Nous n'avions pas les mêmes habitudes ni le même aspect physique. En voyageant, j'ai eu le sentiment de rencontrer des personnes qui m'étaient plus proches que les Niçois alors que je ne les connaissais pas* », confie l'écrivain au fil de la balade.

On atteint le palais impérial Changdeokgung où l'on croise des Séoulites en costumes traditionnels. L'entrée est gratuite pour ceux qui portent ces vêtements typiques coréens.

En entrant, un grand jardin parsemé de pavillons traditionnels de couleur rouge, ocre et verte se dévoile. C'est l'un des cinq grands palais construits par les rois de la dynastie Joseon. La perspective et la géométrie sont étonnantes. Le site est très ordonné et parfaitement restauré, en partie reconstruit après 1945 et l'occupation japonaise de la Corée, qui avait fortement endommagé le lieu.

De nombreux arbres jalonnent le parcours de la visite qu'il faut suivre à la lettre. Il est interdit de s'arrêter au bord d'un bassin ou d'une pagode sans le guide. Chaque espace recèle une histoire dans ce site totalement naturel mais très entretenu. Les Séoulites partagent leur culture et leurs traditions, mais dans un cadre figé. La liberté est limitée par les discours éclairant les valeurs du peuple et de ses divinités.

À quelques kilomètres de là, près de l'université pour femmes d'Ewha, qui allie bâtiments traditionnels et architecture futuriste, Bongwonsa est un temple bouddhiste au milieu de la verdure. On grimpe une côte longue et assez sportive pour parvenir à ce temple au sommet d'une colline. Il fut lui aussi reconstruit après sa destruction pendant la guerre. Dans un style très oriental, le site est recouvert de fleurs et des dragons de pierre surveillent.

Plus haut, sur un plateau arboré, des maisons de couleurs aux toits en pagode abritent des salles de prière. Quand on s'approche des façades, on distingue des formes géométriques entremêlées. En levant les yeux, on aperçoit des rondins de bois qui tiennent la charpente et qui dépassent au-dessus du seuil de la construction. Eux aussi sont peints, avec minutie, de multiples couleurs vives. À l'extrémité de chaque rondin, une fleur sphérique rose et jaune est dessinée. La magie de ces dessins et de ces couleurs donne au site épuré et austère une fantaisie de jardin d'enfants.

« Le son du Gong résonne dans le temple
Un bouddha blanc avise les croyants
La salle se remplit dans un calme assourdissant. »

La Corée du Sud est un pays très tolérant où cohabitent plusieurs religions intégrées et acceptées, même si le peuple cultive un fort patriotisme. C'est un pays qui a pourtant subi beaucoup d'invasions successives et qui a souffert de la xénophobie de ses envahisseurs, mais les Sud-Coréens ont tiré les leçons du passé et ont choisi la voie de l'ouverture aux autres.

Des oiseaux voltigent autour de nous, on les entend gazouiller, piailler et chanter. Ils brisent le silence solennel du site. Ils incarnent un privilège rare, celui de ne pas avoir de frontières. Même si on dresse des murs, les oiseaux passent par-dessus, ils se déplacent au gré de leurs besoins et de leurs migrations.

Il existe une chanson qui représente ce besoin de liberté et de dépassement des frontières. Le chant lyrique traditionnel et folklorique coréen *Arirang* est un symbole de cette émancipation. « Un jour, j'irai de l'autre côté », raconte le texte. Et il est justement chanté des deux côtés de la Corée, au Sud comme au Nord ! L'UNESCO l'a inscrit sur la liste du patrimoine culturel immatériel de l'humanité. *« C'est une très belle chanson. C'est l'histoire de l'humanité. On va voir de l'autre côté pour retrouver ce que l'on a perdu ou pour espérer une vie meilleure, et la frontière est là pour vous en empêcher. C'est scandaleux ! Je ne supporte pas cette idée qu'une ligne arbitraire, artificielle, créée par l'imagination puisse empêcher quelqu'un qui en a besoin de passer à travers un champ ou de passer la montagne. »*

Dans son roman *Bitna, sous le ciel de Séoul*, Jean-Marie Gustave le Clézio raconte l'histoire vraie d'un homme qui élève des pigeons pour les envoyer vers la Corée du Nord afin de transmettre des messages de paix. La liberté par les oiseaux.

Les Coréens sont en quête d'apaisement. Ils l'attendent depuis longtemps, cet apaisement politique. Selon l'écrivain Prix Nobel, « *la réunion de ces deux pays ferait que la Corée du Sud ne serait plus la crevette entre la baleine et le requin ; cela ferait un pays avec une force considérable. Personne ne veut la réconciliation, ni du côté de la Chine ni du côté des États-Unis et de la Russie. Ces pays n'ont aucune envie que la Corée existe comme elle existait autrefois, que ce soit un pays puissant. Ils n'en veulent pas. C'est une situation qui leur convient très bien. Mais je fais confiance aux Coréens dans leur capacité à surmonter tout ça. C'est à la jeunesse de le décider, c'est à eux qu'appartient l'avenir.* »

La jeunesse est omniprésente à Séoul, partout, dans tous les quartiers, même sur les sites touristiques. La jeunesse moderne est ancrée dans son époque, occidentalisée et en contraste avec la réalité politique d'un pays sur ses gardes.

« Sur l'asphalte gris foulé par un peuple doux
La jeunesse vêtue de couleurs criardes
Derrière elle des militaires en treillis. »

La jeune Bitna, personnage central du roman onirique de Jean-Marie Gustave, aime se promener très tôt le matin dans la ville bien plus calme qu'en journée. Séoul est surnommée la ville qui ne dort pas. On y voit alors à l'aube des vieilles et des vieux ramasser des cartons et autres canettes pour pouvoir les vendre dans des ateliers de recyclage et de récupération. Certains partent au travail, d'autres rentrent, Séoul est une fourmilière, pourtant accueillante et bienveillante.

Le métro est un étonnant espace de liberté ! Nous empruntons le chemin vers la ligne 2 avec laquelle on peut faire le tour de la ville, comme sur un boulevard circulaire. L'accès aux stations est conçu de telle façon que lors des inondations de la mousson, l'eau ne puisse pas envahir les halls et les quais. Des marches savamment positionnées permettent de faire barrage. Il n'est pas rare que l'eau de pluie noie les pieds et mollets des Séoulites dans la rue. Dans ce cas, il est de coutume que les habitants se déchaussent pour ne pas glisser et pour retrouver un lien direct avec le sol, pieds nus.

Ce métro de Séoul est parfois utilisé pour se balader et instaurer un lien social, comme si on était dans un bar ambulant. Les séniors y ont accès gratuitement, et certains en profitent pour y passer une partie de leur journée, observant les autres, discutant avec les étrangers, lisant un journal ou regardant le paysage, puisqu'une partie du parcours est aérien.

Un portique filtre les accès et valide les billets. Contrairement à la plupart des autres villes du monde pourvues d'un métro, le voyant doit être rouge pour pouvoir passer. Celui qui attendra le vert se retrouvera bloqué s'il n'avance pas vers les portes de verre pour déclencher l'ouverture… au rouge !

C'est beau, c'est grand et propre. Les wagons ne sont pas séparés. Des portes coulissantes automatiques permettent de passer de l'un à l'autre. Le sol est vert, les poignées de maintien couleur « herbe de printemps ». Le train est futuriste. Lui aussi laisse planer une atmosphère de roman d'anticipation. À chaque extrémité, des vieux nous regardent, curieux et attentifs à nos attitudes. Ici, chaque personne semble transporter un secret dans le mystère d'un train urbain qui reflète le paysage de la ville.

« Sur ses rails glisse un métro brillant
Une eau lisse se détache de la brume
Dans le gris, un pont droit surplombe le fleuve. »

En sortant de ce métro, d'où l'on a vu la mer, on arrive sur une rive du fleuve Han. Des oiseaux par dizaines nous entourent. Le fleuve est vaste et donne à Séoul un air maritime avec ces oiseaux de mer : goélands et autres cormorans. Beaucoup viennent de loin et se retrouvent là pour cohabiter avec les humains.

Au-dessus de nous se dresse un immense pont ostentatoire où circulent voitures et trains. Et à quelques mètres, sur le quai, une embarcation hybride nous attend pour voguer en dilettante ; elle ressemble à un petit ferry croisé avec une péniche. On est plongé au cœur de la ville quand on monte sur ce navire. On est entre les deux rives. C'est majestueux, avec des tonalités de gris dégradés. Comme une frontière entre deux mondes, de petites îles sont habitées par les oiseaux. Un espace de liberté qui tranche avec l'esprit austère du nord et la fantaisie souvent joyeuse du sud.

Dans son livre, Jean-Marie Gustave Le Clézio reproduit des contes à travers son personnage Bitna, qui transmet des histoires à une jeune femme très malade. Avec ces contes, teintés des traditions et de l'histoire coréenne, elle fait plus que la distraire, elle lui transmet une culture qui va lui permettre d'accéder à une forme de liberté. « *La plupart des contes ont été destinés à réveiller des personnes. Bitna apporte l'air du large et la rumeur de la ville. Elle a l'impression qu'elle est venue sur Terre pour cela, réveiller cette femme grâce, notamment, à l'ambiance de cette ville que nous sommes en train de parcourir* », explique Jean-Marie.

C'est une belle histoire d'amitié impulsée par Bitna qui nous plonge au cœur de la ville de Séoul. L'écrivain exalte la réalité par des récits qui permettent de nous faire sentir vivants : « *C'est une lutte et pas seulement une histoire d'amitié. Les sentiments ne sont pas toujours de bons sentiments. Il y a parfois des souhaits de mort pour l'autre. C'est l'héritage des contes de ma grand-mère, un monde imaginaire qui se sert de petits éléments puisés au hasard de la vie. Mais je voulais que ce soit une histoire optimiste et pas une histoire cruelle pour que Bitna s'en souvienne toute sa vie. »*

D'autres ponts enjambent les deux rives de la ville, ils font le lien, ils instaurent une idée de liberté. Entre le gris du fleuve et les couleurs du centre-ville capitaliste et commercial, la découverte de Séoul est ponctuée de surprises et de moments inattendus, comme sur ce quai où deux jeunes amoureux en jean et chemise blanche se placent dans un cœur de métal rouge pour immortaliser en photo leur moment de privilège. Seuls et insouciants, libres sous le ciel de Séoul.

« Le navire vogue sur le fleuve Han
Des mouettes flottent dans l'air
Entre les deux rives la liberté en vol. »

La liberté à Séoul est toute relative. Il y règne une impression d'évasion et de désinvolture. Pourtant, le voisin du Nord laisse planer le doute et la crainte de basculer dans une violence irréversible. En s'approchant de la frontière avec le côté sombre, le paysage se dilue. De grands espaces vierges font office de séparation. La jeunesse colorée et les contes de Jean-Marie Gustave sont loin de cette réalité géographique. Seuls les oiseaux semblent ne pas s'en soucier en profitant de ces étendues laissées en friche que la loi de la nature domine.

*

J'ai toujours ressenti un grand bonheur à observer ou même à nourrir des oiseaux. Je n'ai jamais été déçu par leur comportement car, évidemment, je n'en attendais rien. Des moineaux à Genève en train de se battre à un pigeon qui pondait sur mon balcon à Paris, en passant par les canards du lac Léman pas farouches et curieux qui venaient à mon contact, j'ai toujours admiré leur autonomie face au monde.

Un jour, à Marseille, des goélands m'avaient empêché de monter sur le toit-terrasse de mon appartement. Leurs petits étaient nés, et ils tournaient au-dessus de moi avec vigueur en faisant des boucles dans le ciel, menaçant, alertant leurs congénères à proximité, plongeant, frôlant ma tête pour manifester leur mécontentement de me voir occuper leur espace aérien sur ce toit qui dominait la mer face à nous et Notre-Dame-de-la-Garde juste derrière. Et puis, la ténacité aidant, ils avaient décidé de me présenter leurs progénitures sur une arête du toit. Je leur avais jeté une sardine prévue pour un barbecue entre amis afin de les remercier de cette confiance. Ils avaient alors déjeuné avec nous, à distance, leurs trois petits hirsutes au plumage foncé à leurs côtés. J'avais alors ressenti une joie infinie et une communion avec leur liberté de volatile prompte à la rencontre et au respect d'un espace défini et convenu entre nous.

La liberté des oiseaux est infinie. Lorsqu'un moineau s'installe à ma table, mendiant quelques miettes de croissant, à Istanbul ou qu'un colibri virevolte devant moi sur la terrasse d'un hôtel en Martinique, je ressens chaque fois l'envie irrépressible de les rejoindre, de communiquer avec eux.

Regarder le monde avec des yeux d'oiseaux, ailes déployées, en sillonnant l'espace aérien sans frontières ni contraintes, est sans aucun doute le rêve humain le plus intense face aux absurdités frontalières établies par toutes les sociétés de cette planète. Les humains ont imaginé les avions pour se rapprocher de ce rêve obsessionnel, ils ont toujours caressé le don de pouvoir se déplacer en toute liberté. L'humanité s'est inspirée des oiseaux sans jamais comprendre qu'être libre, c'est parvenir à s'affranchir des contraintes, des rejets et du repli.

« Un oiseau blanc massif sur une plage
L'humain le regarde avec méfiance
D'un coup d'ailes il décolle vers la liberté. »

Erevan – Arménie

L'histoire et la violence

Le voyage en Arménie depuis la France commence souvent par une escale à Moscou, pour un départ avec Aeroflot vers Erevan. L'accueil que nous réservent les hôtesses moscovites est glacial à l'aéroport lors du transit. La peur de ne jamais trouver la porte d'embarquement pour la correspondance naît peu à peu au fil des immenses couloirs empruntés. Après des dizaines de mètres parcourus, un peu hagards, une jeune femme daigne nous indiquer le chemin avec quelques bribes d'anglais ; tenter quelques mots de français pour obtenir une réponse est sans espoir. Il faut alors se concentrer sur nos bases d'un anglais scolaire approximatif !

On arrive enfin dans un grand hall tout en longueur et assez étroit, quelques bars et restaurants sur la gauche, un îlot de boutiques à souvenirs sur la droite à l'entrée de cet espace étrange. Dans les vitrines, des poupées russes, bien sûr, mais aussi des objets insolites en plâtre ou en métal, à la gloire de la place Rouge que nous avons eu la chance d'apercevoir depuis l'avion trente minutes plus tôt. Tout illuminée vue du ciel, il y a comme une sensation de dépaysement historique. L'Occidental peut se laisser aller et même songer à quelques images de films d'espionnage, entrant dans la peau d'un semblant de héros, prêt à fouler le sol russe… ou du moins l'une de ses aérogares ! Il faut bien commencer quelque part !

Plus incongru encore, dans cette vitrine, des figurines de Poutine dans des tenues militaires et des personnages en armes. Poutine avec une mitraillette, façon petits soldats en plastique avec lesquels nous jouions enfant, complètement insouciants. Nos petits soldats entourés par nos maquettes d'avions militaires patiemment assemblées, collées et peintes tout un mois de juillet. La violence commence par les jouets. La menace militaire, la frayeur des bombardements, l'horreur des hommes en armes qui tirent sur des foules, le bruit des chargeurs qui se vident, les tirs embusqués, tout cela, l'enfant l'imagine comme s'il n'en avait pas conscience. Dans un pays en paix, il s'amuse en reproduisant des scènes de batailles.

L'image que donne la Russie à ses voyageurs sur le départ ou en escale est une image de violence qui côtoie la douceur des poupées gigognes. Sept ou dix poupées en une, fabriquées dans un bois fin, souvent peintes à la main pour représenter des tenues traditionnelles. Les matriochkas incarnent les femmes de la campagne russe, rondes et robustes. On peut y voir une forme de résistance et de filiation. Nos souvenirs et nos combats s'emboitent les uns dans les autres, à l'image de ces matriochkas en bois.

On embarque dans un Airbus A320 de la compagnie Aeroflot. La cabine est austère, l'avion est récent. Il ressemble à tous les autres A320 des vols intérieurs français d'Air France, avion fétiche de la compagnie tricolore. Une petite différence étonnante, toutefois, laisse pensif. Lors du service à bord, l'alccol est indisponible. Pour ceux qui voudraient se mettre dans la peau d'un Russe amateur de vodka, il faudra renoncer. Pas une goutte d'alcool à bord ! Renseignement pris, c'est la règle chez Aeroflot, sans commentaires et sans détails.

Il faudra chercher sur Internet pour comprendre avant de prendre le vol retour et anticiper un peu si le verre est nécessaire pour atténuer une petite aérophobie. C'était effectivement un rituel pour certains clients de cette compagnie de se charger en alcool pendant un vol. La presse a relaté de nombreux cas de bagarres ou d'incivilités et même d'un steward tiré par les cheveux en plein ciel par des passagers ivres. La sobriété a donc été imposée à tous, punition générale !

L'arrivée de nuit à Erevan fait penser aux alentours d'une fête foraine avec ses rues larges illuminées par des échoppes de nuit qui doivent vendre de savoureux breuvages dont on a été privé en vol. Partout, des lumières multicolores bordent la route. La nuit est noire, on ne sait pas où on est, où on va. Il fait tiède dehors, un peu humide.

L'hôtel, très proche du centre-ville, a des allures monumentales. Rustique et imposant. L'accueil est chaleureux avec quelques curiosités, comme l'Ararat, un cognac arménien aux effluves de whisky, la seule boisson alcoolisée disponible en chambre que l'on découvre dans un minibar sommaire. Décidément, ce début de voyage est une histoire d'alcool !

Mais il y a plus étrange encore : la possibilité de fumer dans les escaliers de l'hôtel uniquement ! On ne peut pas fumer dans les chambres ou dans une salle, mais seulement dans un escalier bétonné blanc. Et comme il n'y a pas de cendrier, on est prié d'écraser sa cigarette à même le sol et de laisser le mégot sur place ! Tout ressemble à une blague, surtout à deux heures du matin.

Le lendemain, nous partons pour le mémorial du génocide avec l'écrivain belge Jean-Marc Turine, Prix des cinq continents de la francophonie pour son roman *La Théo des fleuves*. Il fut l'ami intime de Marguerite Duras pendant vingt-cinq ans et coréalisa avec elle le film *Les Enfants*, sorti en 1985.

Ce grand gaillard au grand front largement dégarni a été producteur de radio et réalisateur. Il s'est donné pour mission littéraire d'offrir la parole aux sans-voix et aux victimes, s'opposant à toutes les violences. Dans son livre, il raconte la grande histoire des Tziganes sur un siècle et leur génocide sous le régime nazi.

Sur les hauteurs d'Erevan se dresse Tsitsernakaberd, « le fort aux hirondelles », le mémorial du génocide arménien perpétré en 1915 et 1916 par le gouvernement turc. Une pointe de granite, une flèche de quarante-quatre mètres de haut, représente la renaissance de la nation arménienne. Elle est fendue en deux pour symboliser les parties orientale et occidentale du pays. Juste à côté, une sorte de chaudron. Douze stèles de granite inclinées sont déposées autour. Au milieu, à près de deux mètres de profondeur, une flamme éternelle. Aux abords de ce mémorial, de jeunes arbres ont été plantés récemment. Depuis 1995, les personnalités politiques du monde de passage plantent un arbre et signent avec quelques mots une plaque dorée à leur nom.

Se retrouver ici avec Jean-Marc Turine est lourd de sens. Celui qui raconte le génocide et l'exclusion des Tziganes à travers le siècle est confronté par hasard à un autre drame de l'histoire qui porte encore cet affreux nom de génocide. C'est lors du sommet de l'Organisation internationale de la francophonie organisé à Erevan qu'il a reçu son prix.

Autre hasard incroyable, c'est au moment où l'Arménie est en deuil après la mort de Charles Aznavour que nous sommes sur le site. Il y a des fleurs partout sur toutes les places. Des hommages sont rendus en de multiples endroits avec la musique du grand Charles qui s'est battu sa vie entière contre toutes les formes de violence.

L'ambiance dans les rues d'Erevan est pesante ; des odeurs de fleurs et de nourriture de vendeurs ambulants parfument les lieux sur les notes de cette musique diffusée dans les lieux emblématiques de la ville. Le sommet de la francophonie a dressé une grande scène en plein centre. Les voitures officielles défilent au son des sirènes de police. Aznavour est mort, la francophonie est en fête, une polémique politique s'installe avec la nomination d'une secrétaire générale de la francophonie rwandaise, soutenue par la France. Tout le monde s'agite, c'est électrique, et en haut, sur la colline où nous sommes, dans un calme absolu, le mémorial regarde la ville en fusion.

Sur le site de Tsitsernakaberd, l'ambiance est lourde, un poids immense s'abat sur le mémorial. La flèche se dresse face à nous, et juste à côté, ce chaudron aux multiples entrées, dans lequel il faut descendre pour voir l'incroyable, percevoir l'inimaginable.

« Le génocide arménien est le premier génocide du vingtième siècle. Les génocides des juifs et des Tziganes suivront, puis celui du Rwanda », rappelle Jean-Marc Turine. *« On a la chair de poule ici, il y fait très calme, tout le monde parle à voix basse, il n'y a pas un bruit, il n'y a rien ! Ce qui m'impressionne beaucoup, c'est de recevoir ce prix à Erevan alors que mon livre est axé en grande partie sur le génocide des Tziganes. Et je me retrouve dans la ville qui commémore le génocide des Arméniens ! »*

Un million et demi d'Arméniens ont été tués, massacrés dans un génocide que les Turcs et les Américains ne nomment toujours pas. *« Il s'est passé un peu la même chose avec les Tziganes. Les États-Unis, la Suisse, l'Allemagne et la Roumanie ont reconnu le génocide des Tziganes mais pas les autres pays. Et cela reste quelque chose de tu. »*

Tout autour de nous est austère. Les marches de ce chaudron nous mènent dans l'embrasure vers une flamme au centre. Des œillets et marguerites entourent cette flamme, très bien rangés. La disposition des fleurs est très précise. Une musique de chœurs enveloppe cet amphithéâtre qui s'ouvre vers le ciel, bien éloignée des chansons entrainantes d'Aznavour qui font vibrer le centre de la ville.

On pense alors à toutes ces familles arméniennes dans la douleur, à celles et ceux qui, comme les Tziganes, ont résisté par le départ, par l'exil vers l'ailleurs. Ils ont formé des communautés disséminées dans le monde entier. On estime à un million les Arméniens installés au Canada et aux États-Unis, trois cent cinquante mille en France.

Alors que nous sommes toujours dans ce cercle de granite, des personnes en habit de ville, bien mis, déposent des fleurs autour de la flamme en ajustant la position pour qu'elle soit la plus parfaite possible. Ils regardent le feu qui sort du sol au centre. Une légère odeur de cendre se dégage. Le recueillement nous accompagne aussi. Étrangement, on se met à penser à nos propres disparus. Et même si nos histoires sont différentes de celles des Arméniens, le recueillement ici devient universel. Tous ensemble face à la douleur, avec cette musique qui porte nos âmes, lourde mais apaisante, intense mais aérienne.

À la sortie, on tombe sur la flèche, et lorsque l'on se tourne sur cette esplanade, toute la ville s'offre à nous. L'étendue de la capitale arménienne est impressionnante. Au loin, à quelques kilomètres à vol d'oiseau, un souffle de liberté et un autre monument remarquable : la cascade d'Erevan.

Jean-Marc Turine porte un message de paix dans son livre. Pourtant, ses personnages tziganes qui vivent des drames successifs ont toutes les raisons de vouloir la vengeance. « *J'estime que cela ne vaut pas la peine, même si je n'ai jamais été dans des conditions de vie pareilles. Selon moi, la vengeance ne mène à rien. On voit cela au Vietnam. C'est très rare, les gens qui en veulent aux Américains. Ils sont pacifiés. Ici, c'est pareil, ils ont survécu au génocide, beaucoup sont morts, mais ils ne peuvent plus supporter les injustices et la violence. On ne peut pas vivre avec la haine en soi. Il faut donc de belles choses, sinon, ce n'est pas la vie !* »

Secoués par quelques frissons, sonnés par ce que l'on a vu, entendu et ressenti au mémorial, nous revenons vers la vie avec la cascade et ses cinq cent soixante-douze marches, cent dix-huit mètres de haut sur une largeur de cinquante. Des centaines de marches imposantes à gravir. On l'appelle cascade, mais l'eau coule par petits filets. Des étapes avec des monuments, des terrasses et des jardins parsèment notre ascension.

Vers le sommet de cette cascade en restanque, un musée décentré sur la gauche est dédié à Charles Aznavour. Le bâtiment est grandiose, cubique, avec à son pied une magnifique terrasse en arc de cercle.

On continue d'affronter ces marches, un peu essoufflé, et on arrive à la dernière étape. Changement total d'ambiance, on monte un escalier métallique sous lequel passe une voie rapide avec un bruit assourdissant et de forts courants d'air. L'escalier ajouré laisse voir les véhicules qui roulent très vite en bas. Sensation de vertige, escalier branlant, il vaut mieux regarder devant soi et bien se tenir.

Au sommet de ce vaste édifice, on découvre une nouvelle grande terrasse en carré. Depuis le haut de cet escalier intimidant, peu à peu, on avance vers le rebord, et déjà, une vue imprenable sur Erevan assaille nos yeux. Toute la ville est devant nous, et tout au fond, on aperçoit le mont Ararat, symbole du conflit entre la Turquie et l'Arménie. Le mont est désormais sur le territoire turc. Comme une déchirure, il est à portée de vue mais inaccessible.

Jean-Marc Turine réfléchit et parle encore de la violence, habité par la déshumanisation et la folie qui s'empare des êtres humains quand ils sont poussés dans leurs retranchements : « *Je ne dis pas qu'il faut pardonner, mais la haine mène à la mort. On devient psychopathe ou bien on tue. Et si on tue, on va en prison ou on est abattu à son tour. Il faut essayer de vivre autrement qu'avec la haine en soi. Ça enlève la poésie, ça enlève le soleil, ça enlève tout. Tu es gonflé de rancœur par rapport à la vie et tu n'apportes rien.* »

*

La perte d'humanité générée par les guerres rend fou. Combien de soldats le sont devenus alors qu'on exigeait d'eux l'impensable, l'inconcevable ? En repensant au roman de Jean-Marc Turine qui évoque l'exil des Tziganes, et à ce peuple arménien, je me demande combien de vies se sont entrechoquées ou imbriquées par nécessité de survie. L'image des poupées russes me revient. Partir à Erevan et ressentir un épisode de son histoire pèse en soi, comme si on avait emboité des poupées et qu'on avait tenté de les abriter.

J'ai cette impression d'avoir en moi ces petites poupées, comme celles de mon enfance, offertes un jour par une amie prénommée Alix, une dame blonde élégante qui m'avait raconté la symbolique de ce cadeau. Je m'en suis souvenu à Moscou, et du haut de cette cascade, je suis submergé d'émotion, car un fragment de mon histoire familiale a refait surface.

En descendant vers la ville, par le même chemin, par ces mêmes marches, je soulage mon esprit et tente d'évacuer la mélancolie. La nuit tombe sur Erevan, et une foule surgit, les citoyens de la nuit, des artistes de rue, des miséreux très abimés et des touristes qui tournent autour des bars et restaurants. Une magie s'installe, une chaleur humaine, aidée par la douceur du temps. Embaumée par les effluves locaux, Erevan s'éloigne déjà dans ma mémoire. Le départ est proche. Nous y avons laissé quelques paroles, quelques réflexions sur la vie. Ici, on est envahi par une émotion sourde. On a marché, on a vu, on a imaginé les drames passés.

Saint-Pierre – La Réunion – France

La fraternité

Il y a peu d'endroits dans le monde où l'on ressent une fraternité qui est entière et évidente pour pratiquement toute la population d'un pays, d'une ville ou d'une île. C'est ce qui frappe à La Réunion dès que l'on arrive. Pourtant, les environs de Saint-Denis n'inspirent pas le dépaysement imaginé, l'exotisme fantasmé des îles. C'est petit à petit que l'on apprivoise La Réunion, pas à pas. Il faut laisser un peu de temps filer, peu, mais suffisamment pour s'imprégner de l'*île intense*.

Ce surnom ne saute pas aux yeux à l'arrivée. C'est étrange car on sait qu'il va se passer quelque chose. Il y a au fond de soi comme l'attente d'un bouleversement qui, plus tard, se produira ! En regardant le paysage autour de l'aéroport Roland Garros, on peut penser à la Corse, mais à onze heures de vol. Le découpage de la côte, les collines et le relief de l'île, la nature dominante, la mer partout, une vie urbaine dense dans les villes principales, la douceur de l'air, tout laisse supposer que l'on pourrait se trouver sur l'île de beauté.

Pourtant, ici rien n'est pareil. L'histoire est loin d'être similaire, même si le rapport avec la métropole et les instances parisiennes est aussi compliqué. Les cultures sont différentes au même titre que les origines de la population, l'art culinaire n'a rien à voir, l'éloignement n'est pas le même et, disons-le, tout est moins facile.

L'île de La Réunion semble être au carrefour du monde. L'Afrique est presque voisine, l'Inde est à cinq mille kilomètres, l'Australie à un peu plus de sept mille ; la France métropolitaine et l'Europe finalement pas si loin. Certes, l'Amérique n'est pas à la portée du Réunionnais, bien trop éloignée, mais quatre continents sont accessibles dans une relative facilité. C'est cela, la force de La Réunion : rassembler toutes les cultures de ces continents. Dès que l'on pose le pied sur l'île, on vibre aux sonorités des langues, on écarquille les yeux devant les tenues vestimentaires d'un incroyable éclectisme, d'une formidable variété. Les enfants vont à l'école en short et souvent en savates, le nom donné aux tongs, mules et claquettes ; des femmes portent des robes légères échancrées ou des tenues couvrantes avec un voile ; des hommes d'affaires sont en pantalons ajustés à la mode, serrés à la cheville, et en chemises de couleurs claires. Certains téméraires affrontent la chaleur en portant une veste, d'autres sont en débardeurs ou quelquefois torse nu. Tout semble possible, personne pour juger l'apparence, personne pour lancer un regard de travers, personne pour dénoncer une tenue religieuse. La laïcité se vit comme ça, à La Réunion, en affirmant ses différences avec des signes et tenues ostensibles !

Les couleurs de peaux affirment elles aussi les différences. Nonobstant, personne ne semble les considérer plus que ce qu'elles ne sont : juste des teintes différentes de l'épiderme. Hormis certaines « bonnes âmes » qui trouveront toujours à dire et à afficher leurs points de vue sur un vivre-ensemble illusoire, c'est bien un peuple qui se reconnait comme faisant partie d'une identité unique et indiscutable : être Réunionnais !

Mais pour beaucoup, le passé familial n'a pas été aussi simple que ce que nous voyons et vivons aujourd'hui à La Réunion.

À Saint-Pierre, au sud de l'île, la troisième municipalité après Saint-Paul et Saint-Denis, il y a un petit quartier nommé Terre-Sainte. Saint-Pierre est construite en bord de lagon. Toute l'activité commerciale, les loisirs, les hôtels, les bars et restaurants sont concentrés à proximité de l'eau. La rue commerçante, où l'on va pour acheter des livres, vêtements, parfums, tenues de sport, t-shirts décontractés et chics de la marque locale à succès Pardon ! et autres chaussures, se trouve sur les hauteurs, cela monte vite et dru, mais à seulement trois rues parallèles du lagon.

En bas, les baigneurs regardent les vagues se briser sur la barrière de corail. Une vaste place où se déroulent parfois des concerts fait tampon entre la rue du bord de mer très fréquentée et le petit port de pêche et de plaisance, longé par une jetée où l'on trouve souvent des photographes et dessinateurs. Ils ont face à eux l'océan et la barrière toute proche, derrière eux, la ville de Saint-Pierre et les cases sur les hauteurs, vers la colline, et sur leur droite, l'étendue du lagon avec ses plages de corail blanc. Des morceaux de coraux morts de toutes les formes, par millions, couvrent la quasi-totalité de la plage. En se désagrégeant, ils fabriquent du sable qui retournera pour partie à la mer. Marcher pieds nus sur ces plages n'est pas d'un grand confort, et même si cela « pique », il est rare de se blesser, le corail ayant été adouci par le ponçage de l'eau et du temps.

De cette jetée, on en voit une autre, jumelle, encore plus avancée sur la mer et qui touche la barrière de corail. Elle permet d'assister sur la gauche, dans une baie, au spectacle des vagues qui s'étalent sur des dizaines de mètres, avec les flots d'écume blanche qui donnent à voir des scènes de photographie touristique. On est proche du cliché, mais la beauté est telle qu'on se laisse emporter par la douceur intranquille de ces vagues qui perdent de leur puissance, se lovant sur les espaces marins de faible profondeur et mourant paisiblement par vaguelettes sur le sable crème de la plage.

C'est du côté de cette jetée que se trouve Terre-Sainte. Pour y aller, on longe la mer, on passe un pont. Il enjambe le bassin de la rivière d'Abord, qui se jette dans l'océan, et on arrive dans un petit quartier aux maisons basses colorées et aux rues étroites. Sur le côté, juste avant la fameuse jetée, il y a bien sûr la mer, mais elle entre dans une petite baie sans le filtre de la barrière de corail. C'est une passe de choix pour les requins, qui s'affichent sur de nombreux panneaux mentionnant l'interdiction de nager et alertant les visiteurs du danger, même au bord !

Ce jour-là, un chien batifolait dans l'eau avec son maitre qui lui envoyait un bâton vers le large de la crique. Le pauvre labrador faisait le spectacle. Sur les murets et bancs du quartier, enfants et adultes regardaient avec ferveur ses allers-retours. Fier comme un chien de chasse, bâton dans la gueule, il ne savait pas que chacun guettait le moment où la masse de poil serait emportée au large par un squale excité par la natation synchronisée de l'animal terrestre, à l'aise comme un poisson, dans une eau qui n'était pas son territoire.

C'est à Terre-Sainte, surnommé village de pêcheurs, que Mémona Hintermann nous rejoint. Née à La Réunion dans une famille de onze enfants, elle est aujourd'hui Grand reporter, et a aussi été présentatrice de journaux télévisés et membre du CSA de 2013 à 2019. Elle a publié *Les Vulnérables* en 2021, un roman sur la transmission et la place des femmes dans la société. Son père, originaire d'Inde, s'est installé au Tampon, dans les terres, à côté de Saint-Pierre.

Au milieu des petites maisons multicolores du quartier, nous déambulons sereinement en croisant parfois des hommes qui nous interpellent et nous offrent même des fleurs. Certains jouent aux dominos sur des tables en pierre posées en bord de route face à l'océan Indien. Mémona relève que ces hommes d'un âge mûr viennent tous d'origines différentes et elle les apostrophe en créole. Cafre, personne d'origine malgache ou africaine, descendante d'esclaves ou d'engagés, zoreille, blanc de la France métropolitaine, Malbar, celui d'origine indienne, tous jouent ensemble, et cela la fascine. Sous les banians, arbres majestueux, géants, aux multiples troncs et lianes qui s'ancrent dans la terre, elle se souvient de son enfance. « *C'est drôle d'être là. Nulle part je n'ai trouvé cela dans le monde au cours de mes reportages. Il ne faut pas croire que La Réunion est une île idyllique. L'école nous a rapprochés, mais avant l'école, si vous saviez comme on était raciste ! Dans mon enfance, les noirs et les blancs ne jouaient pas comme ça ensemble. Ici, certains ne veulent pas être considérés comme Malgaches car ça n'est pas valorisant. »*

Il est évident que ces habitants ont des origines qu'ils ne dévoilent pas devant nous. La rencontre est conviviale, chaleureuse, mais il y a des mots que l'on tait, des confidences que l'on garde pour soi. Ils sont d'abord Réunionnais. Une fois encore, l'identité commune de l'île de La Réunion suffit à se définir. Ne pas remuer le passé, faire abstraction dans le quotidien des racines et des douleurs anciennes pour vivre en paix et en harmonie avec les autres. « *Je viens d'une famille mélangée. Ma mère était blanche aux cheveux blonds. Sa famille nous a rejetés, tandis que la famille indienne de mon père a été beaucoup plus ouverte. C'était raciste, La Réunion, par l'héritage du colonialisme et le fléau de l'esclavage qui nous a imprégnés de la tête aux pieds ! C'est grâce à l'école et au système éducatif de la France que l'on est sorti de ces divisions. Tout n'était pas parfait mais cela a aidé quand même* », analyse Mémona Hintermann-Afféjee. « *Il y avait une graduation dans la société créole en fonction de la couleur de peau, claire, foncée ou métisse. Les femmes noires ont été héroïques.*

Certaines atteignent aujourd'hui des postes importants. Elles m'inspirent, ces femmes, quel courage elles ont eu pour surmonter toutes ces ignominies ! »

Aujourd'hui, tout le monde vient de partout et tout le monde devient Réunionnais. C'est une phrase que l'on entend souvent, même si des divisions subsistent, même si l'immigration pose toujours des problèmes pour certains, notamment concernant les Malgaches, qui considèrent La Réunion comme une terre d'accueil. « *C'est complexe, c'est précaire et c'est extrêmement fragile. En même temps, l'île a réussi à dépasser ses clivages, ceux que j'ai connus dans mon enfance. On aurait pu aller vers une confrontation, ici, entre les communautés, mais le miracle s'est fait. Et aujourd'hui, quand j'entends mes amies chinoises me dire "Mémona, je suis créole, moi aussi", en langue créole de surcroit, alors on peut se dire que l'on a réussi à aller au-delà des clivages d'antan.* »

Sur le haut de Terre-Sainte se trouve un collège incroyable. Il pourrait faire partie du parcours des visites d'un voyage de touristes français de métropole. Devant l'établissement, un portail quelconque et habituel protège l'accès, mais passé cette grille, un carré arboré sert d'accueil. Un petit étang avec une fontaine entourée de quelques plantes locales donne immédiatement une impression de plénitude. Plus loin, en entrant dans le collège, une bande de gazon et une vaste allée en plein air avec de hauts palmiers, gardiens des bâtiments et des classes construits autour. Au centre, un petit préau avec une table en bois et des bancs soudés à une dalle de béton.

Le salon du livre Athéna de Saint-Pierre, qui se tient tous les deux ans, organise au sein des établissements scolaires des rencontres avec les écrivains de passage. Les organisateurs ont choisi le collège de Terre-Sainte pour accueillir certains de ces échanges.

Dans le Centre de documentation et d'information, le fameux CDI des collèges et lycées français, des livres sont bien rangés dans des bibliothèques colorées. Des panneaux métalliques affichent des dessins sur le thème de la planète Terre et du vivre-ensemble. Le bleu, le vert et le jaune dominent.

Ce jour-là, Murielle Szac, éditrice et autrice notamment de livres pour la jeunesse, rencontre une classe de troisième. Femme engagée, elle porte un humanisme qui séduit ou questionne les ados avec des livres à la trame sociale et politique. Murielle vient de la métropole, elle se laisse volontiers initier à la langue créole. Léo, Ousmani, Oriane, Malia, Théo et Mathis s'en donnent à cœur joie.

Un échange sur le thème des migrants et de la différence s'installe. Quand l'un d'entre eux dit que les migrants ne le préoccupent pas et qu'il se demande, avec une forme d'intolérance non dissimulée, pourquoi ils ont quitté leur pays, les autres réagissent. Léo analyse avec un calme étonnant les propos de son camarade. « *Quand on juge quelqu'un sans le connaitre, je trouve cela injuste. Je pense que des personnes sont indifférentes envers les migrants car elles sont stables, elles ont une belle vie, et du coup, ça ne les interpelle pas vraiment. Il faut qu'elles voient des choses choquantes pour réagir.* » Murielle appuie ces paroles d'une maturité surprenante pour un jeune élève de troisième. « *On est tous concernés par la guerre et la misère. Quand on est obligé de quitter sa maison, on ne le fait jamais de gaité de cœur.* » Elle leur lit une histoire sur deux enfants syriens qui ont dû quitter leur école et leurs copains. La lecture dure quelques minutes. Tous sont attentifs. Un silence. Et Murielle les regarde avec émotion. « *Vous voyez, quand je suis très en colère, j'écris !* »

Devant nous, des adolescents solidaires entre eux, de toutes les couleurs, de toutes les origines, une mosaïque qui scintille, qui régénère et qui donne un aperçu du monde. Un élève demande la parole. « *C'est injuste ce que vivent les autres enfants dans les pays en guerre. Nous, on peut vivre tranquilles, et eux, ils sont obligés de partir, chassés de leur domicile. Je pense que cela peut nous arriver à tous. Tout va bien, et à un moment, on est obligé de partir ! Je connais des gens de mon quartier qui sont venus ici à La Réunion en clandestins. Ils viennent des Comores.* » Un autre réagit. « *On vient tous d'ailleurs ici. On est des zoreilles, finalement, on est tous blancs, on est tous camarades et on s'aime bien.* » Cet enfant est de couleur noire. Quand on lui dit qu'il n'est pas blanc mais noir, il a cette réponse improbable : « *C'est un peu raciste de me dire ça, non !?* »

Une jeune élève de la classe souhaite définir qui sont les zoreilles, à la demande de Murielle. « *Ma mamie dit que les zoreilles, c'est ceux qui ne comprennent pas le créole. Du coup, ils tendent l'oreille pour comprendre !* » Éclat de rire général et ce constat unanime : « *On est tous Réunionnais !* »

À sept kilomètres du collège, que l'on quitte en prenant quelques photos de cette irrésistible cour, il y a un autre quartier de Saint-Pierre qui a beaucoup fait parler de lui. Petite commune, village quartier, Grands Bois a connu l'industrie sucrière et les puissants colons blancs qui employaient les locaux en les exploitant.

Aujourd'hui, sur le site d'une ancienne usine de sucre où se trouvent encore quelques vestiges, on a construit une médiathèque flambant neuve. L'écrivain réunionnais Jean-François Samlong a raconté dans son roman *La Tour d'orgueil* l'épopée des Kerveguen, qui possédaient des centaines d'hectares avec des esclaves et des « engagés » pour exploiter la canne à sucre. C'était une dynastie puissante sur l'île, avec une autorité politique et économique inédite, elle possédait même sa propre monnaie. Un millier d'esclaves, cinq mille hectares de terrains cultivables, cette famille a marqué une triste page de l'histoire.

L'un des vestiges est une immense tour de pierre ronde, ancienne cheminée de l'industrie, sur laquelle il est inscrit « À la mémoire de nos ancêtres engagés ». L'écriture gravée sur une plaque est un peu effacée par le temps. La tour symbolise l'orgueil de cette famille, selon l'écrivain Samlong. Elle est le témoin de ces personnes « engagées » qui venaient des colonies britanniques, des Indiens principalement. Mais les conditions de vie de ces Indiens ne différaient pas beaucoup des esclaves.

« *Ces engagés ont remplacé les esclaves lors de l'abolition de l'esclavage en 1848. Ils ont connu les mêmes conditions : mal nourris, mal logés et très peu payés. Ils ont remplacé les anciens esclaves qui se sont retrouvés libres, mais sans refuge, sans emploi, sans nourriture. La plupart d'entre eux ont dû revenir chez leurs anciens maitres pour subsister* », raconte Jean-François Samlong. On a même indemnisé les grands propriétaires esclavagistes pour la perte de leurs esclaves ! On est allé jusqu'à compenser la perte d'un esclave par dix engagés. « *La valeur de l'humain n'existait pas, et on a même sorti une loi qui stipulait que si un esclave n'avait pas un emploi et un contrat de travail, s'il vagabondait, c'était un crime, et il était condamné à la prison. C'est ce qui a obligé ces nouveaux hommes libres à retourner chez leurs anciens maitres. Et les engagés indiens disaient qu'ils n'étaient pas des esclaves, contrairement aux Réunionnais, ce qui a créé des dissensions entre eux, au lieu de générer la solidarité dans la misère.* »

La fraternité fut bafouée à cause du capitalisme fondé sur le socle du colonialisme. Encore aujourd'hui, les différences sociales sont flagrantes entre les très riches et les très pauvres. Environ 320 000 Réunionnais vivent sous le seuil de pauvreté, selon les statistiques, soit 40 % de la population. La spéculation immobilière est très forte, c'est la nouvelle source de richesse de ceux qui génèrent des profits, avec des familles puissantes qui peuvent acquérir des terres et des logements. *« Rien n'a changé, ça continue »*, se désole l'écrivain.

Mais sur ce site de Grands Bois, la création d'un lieu de culture accessible à tous est une petite revanche. La médiathèque inaugurée fin 2023 est un lieu de rencontres de culture. Des espaces de lecture lumineux et colorés ont été aménagés pour que chacun puisse se sentir à la maison. La maison de tous les Réunionnais du quartier et des alentours, sans distinction, sans sélection. Tous égaux face aux livres, à la connaissance et au savoir, avec la mémoire du passé pour que chacun se souvienne et que rien ne vienne une nouvelle fois entraver l'égalité et le respect de tous.

De la médiathèque, par les fenêtres arquées, on voit l'océan Indien. À quelques mètres, sur le chemin de bord de mer, une grande salle polyvalente sert de réception pour des mariages ou de grandes fêtes, et un peu plus loin se trouve un endroit mythique : le Zinzin. Tout le monde connait ici cet établissement cosmopolite. Car le Zinzin est le fief du groupe Ziskakan, star de La Réunion depuis plus de quarante ans !

Gilbert Pounia, créateur et chanteur du groupe, nous accueille. Grand et mince, aux cheveux longs poivre et sel, vêtu d'une chemise de coton au col très ouvert, en tongs, il dégage à lui seul toute l'humanité de son lieu et de sa formation musicale. Élégant, calme, humble et généreux, il incarne le métissage. *« Ce métissage m'a bouleversé au départ, car dans les îles, des histoires terribles y sont liées. Il y a eu des viols, des violences, les souffrances de l'esclavage et de l'engagisme. Mais maintenant, on se bat pour que ce monde devienne créole, comme le disait Édouard Glissant »*, confie Gilbert Pounia.

Le Zinzin est un restaurant, café-concert, cabaret créole et lieu d'accueil pour artistes, avec sur le côté des chambres d'hôte. Les enfants de Gilbert, le musicien prodige Wasis, Maya Kamaty, devenue elle aussi une grande artiste, et son épouse Anny font vivre ce lieu de partage associatif pluridisciplinaire. Gilbert a été éducateur, et malgré son succès sur la scène réunionnaise et aux quatre coins du monde avec ses tournées dantesques pendant plusieurs décennies, il continue à former des musiciens et à donner une chance à de jeunes artistes en leur offrant la scène du Zinzin. Les soirées chez les Pounia sont des moments de rassemblement festifs avec les habitants de Saint-Pierre, mais aussi quelques touristes en short qui se mêlent à la foule, fondus dans une communauté plurielle qui vit à travers la culture et les sonorités créoles.

Un titre fondateur a marqué la musique réunionnaise. *Bato fou* est un hymne, une chanson-récit sur un texte d'Axel Gauvin qui évoque les drames migratoires de La Réunion et les agissements du gouvernement français qui a déplacé des enfants vers la métropole. Les enfants de la Creuse, scandale absolu de 1962 à 1984, ont subi une déportation vers la métropole pour repeupler certains départements français en justifiant une forte natalité et une grande misère sur l'île de La Réunion. Mais cette chanson a pris un aspect universel autour des malheurs du peuple réunionnais provoqués par la politique française : des « engagés » aux enfants déportés, des migrations imposées aux douleurs des citoyens insulaires viscéralement attachés à leur île, sans cesse écartés de leur *péi* par les puissants et les intérêts économiques.

*

C'est au Zinzin que j'ai compris La Réunion. C'est dans ce lieu que mon véritable premier contact avec l'île s'est noué il y a plus de dix ans.

Je me souviens d'un échange avec Gilbert face à l'océan, sur le long mur bas en pierre qui dessine la frontière entre son établissement et un bout de plage de corail. Il m'avait raconté l'histoire de l'île et de ses migrations dans le son des rouleaux qui se cassent au loin. Son calme, sa bienveillance envers les autres et sa tolérance mêlée de force, de convictions militantes et de pardon donnaient à la couleur du ciel et de la mer des tonalités particulières. J'étais en dehors de moi et de mon environnement. Je voyais tous ces pays et continents qui entourent l'île, nous étions comme au centre de notre monde. Là-bas, me disait-il en pointant son bras vers le large, sur la droite, il y a Madagascar, après il y a l'Afrique, plus loin derrière nous, l'Inde et tout là-bas, la France, la métropole. Je voyais au-delà de l'océan une vague mystique d'humanisme et de bonté. Gilbert me tendait la main. Il ne me connaissait pas, mais il s'adressait à moi comme à un ami. Que je vienne de Métropole n'était ni une faille ni une mise à distance. Je me sentais accepté et bienvenu sur cette île qui m'avait tant fait rêver, mais je n'avais jamais imaginé ressentir un tel bouleversement une fois sur place. Cette île a envahi tout mon être, jusqu'à l'émotion ultime qui, ce jour-là sur ce muret, m'avait fait doucement et discrètement pleurer.

Ce moment passé sur ce mur est resté ancré dans ma mémoire. Encore aujourd'hui, quand je me pose sur ces pierres avec un rhum arrangé à la lumière du Zinzin, je repense à ce moment de fraternité. Je revis chaque fois, avec les visiteurs de passage dans ce lieu, cette envie de vivre ensemble. On peut être ce qu'on est ici. Physiquement et intellectuellement. C'est une mise à nu, un retour à la terre et un sentiment indescriptible qui donne la folle énergie de croire en la vie, de croire aux rencontres et aux autres qui font partie de nous. Sans eux, nous ne sommes pas grand-chose.

Gilbert, Maya, Wasis et Anny ont conforté en moi cette idée que la fraternité est notre seule raison d'être.

Beyrouth – Liban

La guerre

Raconter Beyrouth semble insurmontable. La déambulation d'aujourd'hui ne sera jamais la même que celle de demain. Tout change si vite, seules les impressions restent, caduques, mais intenses au moment où nous les vivons. Le Liban est une terre meurtrie, sans cesse sur le fil du danger et du basculement. Dans les rues, les militaires et les sacs de sable disposés autour des guérites de contrôles sont la triste démonstration d'un pays en proie à la guerre. Pourtant, la ville est belle dans sa douleur. Le bord de mer, du côté de la corniche, abrite des restaurants pleins de vie et de réjouissances. Les Beyrouthins savent faire la fête, sans exhibitions mais dans une convivialité animée, propice aux rencontres et aux diners fraternels entre amis. On dit que cet esprit festif est généré par le sentiment que c'est peut-être la dernière fois. Chaque famille connait ou a vécu une histoire dramatique, soudaine, radicale. Alors, quand la soirée se fait douce, on fait comme si c'était un moment ultime. Personne ne sait ce que le lendemain réservera. Qui aurait pu imaginer, le 3 août 2020 au soir, vingt-quatre heures avant les deux explosions sur le port, que la vie de centaines de personnes allait basculer dans l'horreur ?

Nous sommes en 2009, onze ans avant ce drame qui marquera les esprits de tous les natifs et amis du Liban.

Des bâtiments sont éventrés, stigmates des conflits, tous n'ont pas été reconstruits. Des travaux inachevés ont laissé de côté de hauts bâtiments d'affaires, vitrés et modernes comme on pourrait les trouver à Paris-La Défense, mais désertés. Les rues du centre-ville sont préservées et entretenues. Quelques artères commerciales de luxe détonnent. Les grandes marques occidentales tentent de se faire une place en imaginant des magasins haut de gamme, ostentatoires comme en Occident. Quelques mètres plus loin, des commerces en désordre, vétustes et populaires, résistent à toutes les attaques politiques, capitalistes ou guerrières.

Tant d'écrivains, d'auteurs et d'artistes ont écrit ou dessiné sur les souffrances de Beyrouth et du Liban, les occupations, les guerres internationales et les conflits internes.

Vénus Khoury-Ghata est une grande dame. Née à Bcharré en 1937, elle a vécu au plus profond de son cœur et de son âme des souffrances extrêmes au sein de sa famille et de son pays. Toujours apprêtée, attentive à son apparence, elle dégage une bienveillance et une élégance unique. Chaleureuse mais discrète, affirmée mais renfermée, Vénus transmet, distille ses histoires et son vécu. C'est une femme solide qui fonctionne à la confiance et à l'instinct. Grand Prix de poésie de l'Académie française en 2009 et prix Goncourt de la poésie en 2011, elle a donné sa vie à l'écriture, par atavisme et par conviction. Sa mission est claire, un sacerdoce.

Ce jour-là, elle revient pour la première fois sur les lieux de son enfance à Beyrouth. Vénus y était déjà retournée depuis son exil, mais elle n'avait jamais osé marcher dans les rues et sur les trottoirs de son quartier. Pénétrer par étapes dans cet endroit chargé de souvenirs est une épreuve. Elle revêt soudainement les traits d'un personnage de roman, qu'elle a envie secrètement que l'on raconte malgré les réticences et l'effroi. « *Je retrouve cette ville, où j'ai grandi et où je me suis mariée, très changée. Chaque fois que je parle d'un événement de ma vie, je le situe dans un quartier d'ici. Il n'y avait pas tout ce que l'on voit maintenant, avec tous ces immeubles. Il y avait la place des Martyrs, le cœur palpitant de la ville, avec des cinémas archaïques et des maisons de passe plus haut. Nous avions 12 ou 13 ans, et on regardait ces femmes blanches, blondes et plantureuses, penchées sur leur balcon, avec leurs seins qui débordaient. On fantasmait sur cette blancheur et ces corps. Le quartier était animé. Tout cela a été rasé, ce n'est pas ma ville.* »

Nous sommes dans le centre, face à cette mosquée en plein soleil, qui est l'un des symboles de Beyrouth. Nous marchons vers les hauteurs de la ville et nous arrivons sur le « Ring de la mort », la place la plus meurtrière pendant la guerre, où se trouvait la ligne verte, ligne de démarcation lors des combats. Des voitures klaxonnent et passent tout près de nous. Les cloches de l'église Saint-Maron sonnent. On les entend entre le bruit des moteurs. On peut percevoir en symbiose les cloches d'une église et le son du muezzin des mosquées.

Vénus raconte le passé. « *Ici, sur cette ligne de démarcation qui est devant nous, des miliciens s'affrontaient des deux côtés, aucune voiture n'osait passer. Mais il a suffi que l'on dise que la guerre est terminée pour que les miliciens des deux bords traversent ce Ring et s'embrassent en ouvrant des bouteilles de champagne. Ce n'était pas une guerre de haine entre chrétiens et musulmans, ils ont été nourris de haine par des étrangers qui voulaient mettre la main sur le Liban. Mais tout reste fragile, il y a un désordre qui est prêt à éclater au moindre coup de feu, à la moindre voiture piégée. Pourtant, tout le monde ici ne demande qu'à vivre. Il y a malgré tout un appétit de vivre qu'il n'y a plus en France, par exemple !* »

La ville est bruyante. Peu à peu, les sonorités urbaines s'estompent en allant vers Achrafieh. On passe par le quartier Sodeco, où les combats furent intenses là aussi, mais nous y voyons de petits commerces autour de places de parking. Le calme règne, insolent, résistant dans la mémoire de la guerre.

Dans son roman *Une maison au bord des larmes*, Vénus dénonce les inégalités et les drames. Elle confie la souffrance de son frère face aux réticences violentes de son père, qui le désapprouvait sur le plan intellectuel et intime et qui se déchaîna contre lui. Ce père gendarme a brisé son fils, qui était poète. Alors, le jeune homme, à peine sorti de l'adolescence, part en France pour tenter de publier son œuvre à l'âge de 18 ans. Lui qui avait réussi à se faire connaitre dans des revues de poésie à Beyrouth se confronte à l'indifférence du monde littéraire parisien. La drogue sera son refuge et le retour au pays une enclave de violence.

Le père, intransigeant, l'envoie dans un asile d'aliénés au lieu de lui faire suivre une cure de désintoxication. Dans les mois suivant son retour, le pays vit des combats extrêmes. Lors de la guerre, on ne garde pas les fous dans les hôpitaux. « *Quand il rentre à la maison, il ne reconnait rien, il n'a pas reconnu le quartier, il n'avait qu'une hâte : retourner à l'hôpital. Pendant vingt-huit ans, Victor se perd entre l'asile psychiatrique et des retours man-*

qués chez lui. Il finira par en mourir. Je n'aurais pas écrit si lui avait continué à écrire. J'ai écrit à sa place. J'ai été publiée en France. J'ai eu des prix. C'est ma revanche, la revanche de Victor », raconte Vénus dans une triste dignité, au bord des larmes.

Nous arrivons en voiture vers le quartier d'enfance de Vénus Khoury-Ghata. En nous résonne une petite musique nostalgique orientale. Le claquement des portières, un chauffeur incrédule qui comprend peu à peu notre démarche. Notre émotion commune croit au fur et à mesure que le paysage défile par la fenêtre arrière baissée du véhicule, dans une chaleur moite. Un vent doux et léger souffle à l'extérieur et se glisse dans l'habitacle. Dans le quartier chrétien d'Achrafieh, la rue Sassine apparait sur notre parcours. Il y avait beaucoup d'amandiers ici, selon Vénus. Aujourd'hui, il y a des commerces, des immeubles et des bars. Un quartier moderne a pris la place des prairies et des grands jardins. Des terrains vagues accueillaient les enfants pour jouer, mais désormais, tout est construit autour.

La voiture anthracite s'arrête face à un débit de boissons. Un homme nous observe, méfiant. Vénus demande que nous nous arrêtions car elle semble reconnaitre l'endroit malgré sa métamorphose et le temps passé. « *Je cherche ma maison* », dit-elle avec des sanglots. Nous marchons quelques mètres, le cœur serré. Et puis, soudain, elle se fige face à un petit immeuble. Un grillage noir protège ce bâtiment. C'est ici que se trouvait la maison familiale.

> « *Il y avait ici un bassin avec des poissons et une eau verdâtre. Nous étions à l'arrière de cet immeuble construit. Cette porte d'entrée n'existait pas. Tout cela a été construit à la place de la maison où j'ai grandi. Il y avait des orties autour de la maison. Tous les soirs, ma mère, fatiguée par les travaux de ménage, s'asseyait sur le seuil et disait "Demain, je leur ferai un sort, demain, je les arracherai". Elle n'a jamais eu le temps et la force de les arracher. Je raconte cela dans mon livre* Quelle est la nuit parmi les nuits. *Je l'ai imaginée morte et enterrée, à 2 500 mètres d'altitude dans les montagnes du Liban, revenir dans un pays en guerre et déraciner ces orties qu'elle n'avait pas pu arracher de son vivant.*
> *J'ai honte de raconter dans mes romans et poèmes cette histoire familiale et mon enfance avec ce père qui faisait régner la terreur. Quand mon frère est*

parti, il a reporté cette violence et sa cruauté sur moi. C'était un homme terrible et, en même temps, un homme honnête. Il donnait tout ce qu'il avait pour qu'on aille, bien habillés, dans de bonnes écoles. Je ne sais pas si je dois l'aimer ou le haïr. C'est la première fois que j'ose venir dans cet endroit pétri de douleurs, et je vois que la seule chose qui a survécu aux bombardements et à la guerre, c'est cet arbre, ce cèdre du Liban. Et toutes les orties sont parties. Voilà, il n'y a plus d'orties, ma mère peut dormir tranquillement dans sa tombe. »

Vénus vit ce moment comme une autre revanche et elle se souvient de ses désirs de disparaitre, ses envies de voir son père ne jamais revenir. « Que Dieu me pardonne ! » dit-elle. On perçoit ses souvenirs, on ressent sa douleur quand on est à côté d'elle. Cette femme courageuse transmet une force mêlée à un incroyable tourment intérieur. Son corps a toujours été en guerre, mais son esprit a surmonté l'innommable grâce à l'écriture, à laquelle elle consacrera le reste de sa vie.

De retour vers le centre-ville, dans la voiture silencieuse, Vénus écoute le son de sa mémoire. Par la vitre entrouverte, elle observe une palissade bleue qui cache la construction d'une maison. Une inscription en arabe évoque la violence et les larmes. Sur la joue de la poétesse coule un filet noir de maquillage. Un geste rapide de sa main efface la trace de son débordement.

Elle souhaitera aller écrire à son hôtel. Le corps courbé mais la tête droite, elle descendra du véhicule pour aller retrouver le refuge de son âme.

À Sin-El-Fil, banlieue est de Beyrouth à majorité chrétienne, Mazen Kerbaj nous reçoit chez lui, sur son balcon. Son histoire est l'un des témoignages qui m'ont le plus marqué au cours de ce voyage. Quand on est à Beyrouth, on croise des femmes et des hommes qui ont vécu des moments insupportables, on entend des histoires inimaginables. La guerre n'est pas racontable. On croit que l'on peut transmettre, témoigner, conter, mais en fait, on réalise que le pire de l'humanité n'est pas descriptible. Quand on est face à ceux qui ont frôlé la mort et qui ont vu les désastres, tout nous échappe car dans leurs yeux flous transparait une pudeur imposée et nécessaire.

Mazen Kerbaj est un artiste dessinateur, peintre et musicien, il a publié *Beyrouth, Juillet-août 2006* aux Éditions de l'Association, un recueil de dessins qui raconte la guerre de 2006, guerre de trente-trois jours qui a opposé Israël au Hezbollah en plein été. Mazen l'a vécue de chez lui, en partie sur son balcon, en dessinant tous les jours. « *C'est comme si j'avais eu un mois pour me poser toutes les questions sur la guerre et les 15 ans de guerre civile que j'ai connus, enfant, avec les problèmes mentaux et les conséquences sur le moral. J'en ai fait une expérience artistique et j'ai donné l'impression d'être ce type nationaliste qui va sauver son peuple alors que, je le dis clairement, j'en ai rien à foutre du pays, de la nation et des patriotes. Je fais de la bande dessinée, c'est tout ! Ma démarche était antinomique à ce que je suis. Je m'étais refusé jusque-là à parler de la guerre, contrairement aux autres artistes libanais. Mais la guerre s'est invitée cette année-là dans mon travail. Il y avait une urgence à faire un dessin par jour. C'était comme si, chaque jour, c'était mon dernier dessin. Mon balcon était mon atelier.* »

En complément de ses dessins, Mazen jouera de la trompette pendant les bombardements, la nuit, afin de surmonter la peur. Dix heures d'enregistrements et des nuits entières à veiller à sa façon, à se confronter à une énième guerre, même si son quartier à dominante chrétienne n'était pas une cible. Pourtant, le son des bombardements était si proche que tout pouvait arriver. Quand on est sur le balcon de cet immeuble haut, on ne voit pas grand-chose, des arbres en face et, huit ou neuf étages plus bas, un quartier résidentiel paisible. On imagine les bruits des missiles, on écoute le son de la trompette qui joue en surimpression pour calfeutrer la violence et le feu meurtrier. Pour affronter le Monstre.

*

C'est ici que j'ai réalisé à quel point ce pays était en prise avec une indescriptible instabilité. Même si ce séjour s'est déroulé en période de paix, j'ai pu appréhender le désastre humain vécu et à venir. Rien à Beyrouth ne laisse penser que tout est calme et apaisé de façon pérenne. Chacun est sur ses gardes et conserve en soi la possibilité d'un recommencement alors que les blessures sont encore ouvertes, saignantes, oppressantes.

Beyrouth pourrait être une ville de réconfort et de joie. Les habitants gardent envers et contre tout cette envie de vivre pleinement, intensément. La cuisine libanaise en est l'un des marqueurs. Quand on dine sur la Corniche, les plats sont servis avec faste, soignés et en quantité, la fraicheur unique des produits procurant un émerveillement exaltant.

La guerre n'a jamais détruit la résilience des Libanais, leur envie de partager et de montrer les qualités de leur pays. C'est le paradoxe de cette nation que l'on voudrait tant voir réjouie et sereine, sans arrière-pensée, sans crainte d'un avenir incertain lié aux égarements politiques et économiques de gouvernants incapables de protéger les valeurs fondamentales de leur humanité.

À l'aéroport, les boutiques luxueuses et le vendeur de pâtisseries libanaises donnent une image de normalité, conforme aux autres aérogares du monde. En prenant la passerelle pour embarquer dans le Boeing qui roulera dans quelques minutes sur un tarmac abîmé, je regarde en arrière. Une femme en pleurs tire une petite valise blanche. Perdue dans ses pensées, elle marche vers les lumières des portiques.

Beyrouth s'éclipse dans un départ vécu comme un abandon.

Au-dessus de la mer, la silhouette de la côte dessine comme un sourire.

Les vignes de Lavaux – Suisse

Le vin et l'ivresse

La gare de Genève donne une impression d'effervescence et de calme mélangés, l'une des particularités suisses. On s'y sent bien. Toutes les générations se croisent, toutes les communautés se côtoient. À partir de cette gare, on peut longer le Léman, le lac que se partagent la Suisse et la France. En allant vers Lausanne, la vue est magnifique à de nombreux endroits, avec, sur la droite, le lac et sur la gauche, le début des vignes éparses qui peuvent vous accompagner jusqu'à Montreux ! Des vignes en restanques pour la plupart, qui chatouillent le train tant elles sont proches. Mais si l'on cherche un paysage totalement fait de vignes, il faut dépasser Lausanne et aller vers Vevey. C'est là que l'on trouve les vignes de Lavaux, et c'est à Vevey que se déroule, tous les vingt ans, la Fête des vignerons, qui rassemble et mobilise toute la population suisse locale et au-delà. Imaginez, une fête tous les vingt ans, une fois par génération comme disent les Suisses ! La dernière a été organisée en 2019.

Sur les hauteurs de Vevey, on peut marcher dans les vignes. Il y en a partout. Un paysage vert vif, très ordonné, très aligné, qui donne des géométries différentes en fonction du point de vue que l'on adopte : en face, décalé sur la droite, en plein champ, en parallèle, c'est un site idéal pour les photographes amateurs de graphisme « nature ».

Ces vignes, très anciennes et très en pente, ont été défendues par des citoyens et des journalistes pugnaces qui ont réussi à sensibiliser la classe politique pour éviter l'urbanisation de la zone. Désormais classées au patrimoine de l'humanité, les vignes de Lavaux ont inspiré de nombreux auteurs, dont Daniel de Roulet, écrivain engagé et militant.

Cet homme a beaucoup fait parler de lui en Suisse en dénonçant son fichage par les autorités fédérales pendant dix-sept ans en raison de ses actions en faveur des objecteurs de conscience, puis en raison de son incendie criminel contre le magnat de la presse allemande Axel Springer en 1975, qu'il n'a avoué qu'en 2006 dans un livre, après le délai de prescription. Son récit, sous forme de roman, *Un dimanche à la montagne* dévoile son incroyable action contre un homme considéré comme nazi. Excessif mais déterminé, il a pris tous les risques par conviction politique et citoyenne. Depuis, Daniel de Roulet a écrit sur l'épopée du nucléaire, sur l'importance des abeilles pour la nature et pour les humains, mais aussi sur la mondialité, en opposition à la mondialisation, avec des chroniques de voyages toujours très incarnées.

C'est lui qui nous guide dans ces vignes qu'il connait bien, et on suppose, sans qu'il nous le dise ou qu'on lui demande, qu'il a dû jouer un rôle dans la protection de ce patrimoine. En arrivant par le haut après avoir quitté les rives du lac et sillonné une route aux lacets serrés, on découvre un paysage époustouflant, une véritable carte postale.

« Ce sont des vignes qui ont l'air de se précipiter dans le lac. De l'autre côté, c'est la France, que l'on voit très bien, et derrière les montagnes, sur la gauche, on peut imaginer l'Italie. » Daniel de Roulet est émerveillé, et lorsqu'il pénètre la zone qui déli-

mite les vignes de la route, on est sur la réserve, avec l'impression de pénétrer une propriété privée par effraction. Quand on connait le passé de Daniel, on a un doute sur la légalité de le faire. Jugement hâtif et désobligeant car nous le pouvons en fonction des périodes de l'année, notamment quand le raisin n'est pas encore mûr. Lorsqu'il est proche de la maturité pour le cueillir, le vignoble est mis à ban, et il est interdit de se rendre dans les vignes. C'est vers la mi-août en général que l'interdiction est prononcée, et ce jusqu'à la fin des vendanges. Mais en dehors de cette période, l'accès est effectivement autorisé.

Daniel de Roulet a sillonné la Suisse à pied d'ouest en est et du nord au sud en vingt-neuf étapes, avec des compagnons imaginaires qu'il raconte dans son livre *La Suisse de travers*. Ce parcours dans les vignes, il le connait bien. C'est un site qui lui permet, comme toutes ses balades, de poser son esprit et de philosopher tout en marchant. Comme son compatriote Jean-Jacques Rousseau, qu'il aime citer, qui racontait qu'il adorait marcher et s'arrêter à son aise dans un mode de vie ambulant pour regarder le monde autrement. « *Rousseau est l'un des tout premiers qui se sont rendu compte que l'on philosophait et que l'on pensait autrement quand on avançait en marchant car le cerveau s'aère d'une autre manière. C'est une vaste rêverie et le plaisir du randonneur. Rousseau a été le premier à en faire de la littérature. »*

En continuant à descendre ces vignes, entre rêverie et réflexion, on tombe à pic sur la voie du chemin de fer en contrebas. Un train passe à cet instant juste en dessous, à trois mètres de nous. Un train régional de quelques voitures seulement, rouge et bleu, a annoncé son passage par le crépitement des rails, puis très vite par le bruit caractéristique qui s'amplifie à son approche.

Au-delà, le port de Vevey et ses bateaux de pêche et de luxe complètent le tableau. Des plaisanciers boivent le vin de la colline entre les canards du lac peu farouches qui ont accepté de partager leur territoire, au point même de faire des siestes en toute quiétude sur un quai du port ou d'initier leurs petits à la présence humaine et à la pêche. Plongeant par intermittence leur cou entier sous l'eau, les colverts inspectent la nourriture éventuelle en présence sous leurs pattes palmées et montrent la voie à leurs canichons hirsutes, couverts de duvet gris.

Le contraste entre les vignes et le Léman est saisissant. Ce lac, que l'on nomme bien « Léman » et non « lac Léman », puisque la signification du terme « Léman » est précisément « lac », mesure soixante-treize kilomètres de long pour une largeur maximale de quatorze kilomètres. Il était autrefois utilitaire et peu touristique, permettant de passer d'une rive à l'autre lors des espaces trop abrupts où la montagne tombe littéralement dans le lac. Un peu plus en bas, la route qui longe cet endroit unique au monde nous mène vers des caves et des établissements de dégustation.

Dans son livre, Daniel de Roulet célèbre la nature et le patriotisme géographique, cher à Ramuz, qui ne dépend pas de nous. *« Je pense que l'on peut aimer un paysage sans dire que c'est à nous par nos racines, pour éviter un patriotisme renfermé. On peut dire qu'on est là par hasard, comme les francophones parlent le français par hasard. Ce n'est pas la nation qui détermine mon patriotisme, mais c'est la géographie dans laquelle je suis né, et cette géographie, elle est là, dans notre vie, par hasard ! Il se trouve effectivement qu'elle est magnifique ! »*

Ces vignes de Lavaux jouissent aussi d'une géographie et d'un climat favorables, selon Daniel de Roulet. « *Elles profitent de trois soleils : le vrai, le soleil qui éclabousse nos visages, celui reflété par le lac et celui emmagasiné par les murs de pierre qui maintiennent la terre et les vignes, que l'on appelle les restanques. C'est ce qui explique que l'on peut cultiver des vignes et faire du vin ici alors que l'on croyait qu'on était trop éloigné du soleil de la Provence. Mais cette réverbération du lac apporte du soleil en plus que l'on finit par retrouver dans les verres.* »

Juste à côté de Vevey, une cave d'exposition et de dégustation nommée Vinorama rassemble tous les vins de Lavaux. Il y a cent quarante vignerons de Lavaux et trois cents étiquettes différentes. C'est un vin très difficile à produire car tout est fait à la main en raison de la géographie des vignobles, aux chemins escarpés avec de petites parcelles sur huit cents hectares. Pas de machines dans ces vignes, mais on voit ceux que l'on appelle les « vignerons-tâcherons » avec leurs cageots corbeilles dans le dos, parfois sous trente degrés vers la fin de l'été. De petites familles fabriquent ce vin. Elles font tout elles-mêmes, de la cueillette à la vinification, ce qui impose des prix assez élevés.

Les vignes de Lavaux sont découpées en six lieux de production différents, avec deux appellations grand cru. L'un des plus appréciés est le saint-saphorin. C'est ce vin, surnommé dans le coin « saint-saph' », que va choisir Daniel. « C'est coulant ! » selon la formule helvétique consacrée. Un vin blanc très floral qui glisse bien, assez léger, on croit boire un parfum !

En sortant de Vinorama, un peu plus haut au cœur de l'un des villages de Lavaux, on trouve une placette ombragée. Un banc en bois encercle un arbre entouré de lierre. Sur le dossier, une plaque bleue avec des lettres blanches où il est inscrit « Place de l'apéro ». Daniel s'assoit, prend la pose. On aimerait y rester, un verre de saint-saphorin à la main, pour se laisser caresser par la brise au son du feuillage. Un chat blanc aux taches marron clair passe devant nous avec nonchalance. Le vin commence à faire son effet, ouvrant la porte à une forme de joie intérieure, faisant barrage aux tracas du moment. Le pouvoir du vin est toujours le même, celui d'alléger et de favoriser un regard positif sur les autres et sur les choses. Le vin peut même pousser l'humain à se dépasser.

Mobilisation générale tous les vingt ans pour la fête des vignerons organisée au bord du lac dans la ville de Vevey ! Un grand spectacle surdimensionné est produit dans un immense stade arène pendant trois semaines. Tous les acteurs sont bénévoles et se produisent devant des milliers de spectateurs. Certains ont préparé leur prestation durant des mois entiers et posent leurs congés annuels pour participer à cet événement unique à chaque génération. On flirte avec le péplum. Par le passé, ces grandes fresques populaires qui convoquent toute la région y ressemblaient fortement, les moyens techniques n'étant pas les mêmes qu'aujourd'hui ! Lors de la dernière édition, un gigantesque écran avait été posé à même le sol en guise de scène. Certaines parties s'ouvraient pour en faire sortir des animaux et des hommes. La prouesse technique avait fasciné le public.

Pour tous les Suisses impliqués, c'est un honneur de participer à cette fête, mais aussi un hommage à leurs familles. On y vient par transmission, dans un partage transgénérationnel. L'UNESCO a mesuré la dimension culturelle et sociale de cet événement qu'elle a classé au patrimoine culturel immatériel de l'humanité.

L'écrivain suisse Blaise Hofmann, auteur d'une douzaine de romans et de récits de voyages, natif de Morges, à quelques encablures de Vevey, sur la même rive du Léman, et originaire d'une famille de vignerons, s'était impliqué dans l'organisation en 2019. Il a écrit les textes de ce spectacle durant deux ans de travail collectif intensif avec des vignerons, l'idée étant de rendre hommage aux traditions viticoles.

C'est une comédie humaine qui est mise en scène à chaque édition, et en bons Suisses, les organisateurs visent l'excellence. Une fois tous les vingt ans, ça ne se rate pas ! On y raconte avec une sévère exigence le cycle de la vigne, on rend hommage aux tâcherons des siècles passés, à la nature et aux insectes qui préservent la vigne, aux petites mains, comme les effeuilleuses qui protègent les bourgeons, sur un fond de tradition rurale suisse.

Blaise Hofmann s'est impliqué professionnellement dans l'organisation en 2019, mais il conserve un regard personnel et atavique sur l'événement.

« *Le spectacle honore la vigne, mais quand vous venez dans les rues autour et dans les caveaux tard le soir, il y a une ambiance unique. Il faut descendre sous terre pour vivre des ambiances phénoménales. Dans la fête des vignerons, il y a le mot "fête", et c'est cela aussi qui fait l'âme de cet événement. Chez les Vaudois, cela s'accompagne de chasselas. C'est un immense générateur de liens sociaux !* » précise l'auteur helvétique dans une joie et une fierté effervescentes.

C'est en déambulant entre tous les stands que l'on se rend vraiment compte de l'importance de cette fête pour les Suisses romands. La ville de Vevey est en ébullition, pleine de couleurs grâce aux costumes et aux parades qui ont lieu jour et nuit. C'est une incroyable fête, avec cette sensation d'éphémère. Chacun sait que c'est peut-être sa dernière fête, peut-être la seule et unique. Qui peut prédire ce qu'il fera, sera ou deviendra dans vingt ans ?

C'est un peu enivré que l'on y participe, passant d'un caveau à un stand qui vend quelques saucisses pour atténuer l'alcool absorbé, jusqu'à une grande cabane en bois avec salles et ponton qui surplombent le lac.

*

Des verres sérigraphiés au nom de la fête sont servis avec un ou deux « déci » de vin. Le service se fait au décilitre en Suisse. Plongeant les lèvres dans ce vin blanc « coulant », je repense aux vignes haut perchées, au travail ardu des vignerons qui cherchent à faire le meilleur vin possible. Avec la France voisine, le défi est d'ampleur, mais par le travail et la passion, on parvient à de petits miracles. Il y a certes des vins secs, acides et, en toute honnêteté, difficiles à boire, mais ils coexistent avec des domaines qui ont su travailler le vin pour en faire un bouquet floral aux notes boisées et fruitées. Ce vin bu au bord du lac est une récompense, comme une sucrerie donnée à un enfant. Il emporte tout en fin de journée, comme une vague qui nettoie le corps et l'esprit. Insidieusement, il se glisse dans chacun de nos membres, de la tête aux pieds, et atténue fatigue et sombres pensées. Comme une vie nocturne qui redémarre, le vin donne l'effet d'une parenthèse enchantée, mais il faut prendre garde à la compagnie du moment.

Il y a des vins qui nécessitent une intimité forte avec la personne qui partage le breuvage. Il y a des moments rassemblés autour d'un verre que je n'oublierai jamais. Une nuit, abusant des délicieuses bières belges au dernier étage de l'hôtel mythique Métropole de Bruxelles avec la meilleure compagnie qui soit à ce moment-là, je me suis réveillé le lendemain dans un état second, avec le stress d'une obligation matinale dans une librairie de la ville. La rencontre avec les libraires et un auteur a failli mal se terminer tant les nausées m'envahissaient et m'obsédaient.

Blanc comme un linge, un micro dans la main, je n'ai jamais su si mes hôtes avaient perçu ma détresse, cherchant les toilettes du regard en cas de désastre soudain. Mais il y avait ce jour-là l'une des personnes qui me connaissent le mieux. Compagnon de route et de cette beuverie déraisonnable, il souffrait pour moi. En sortant dans la rue, je n'ai jamais connu un tel soulagement, mais en faisant quelques pas, nous sommes tombés sur un bar à huîtres avec une foule debout sur le trottoir, dans des effluves de vin blanc et de coquillages…

Nous avons remis cela en Suisse lors d'une autre soirée avec le vin de Morges, finissant à minuit les pieds dans le lac avec nos verres, dans la joie, les confidences et la complicité affective. La sensation du lendemain était tout aussi désagréable, mais comment regretter ces moments suspendus de bonheur ? Comment ne pas honorer le travail des vignerons ? La bonne conscience trouve toujours des arguments pour se dédouaner des excès.

Nice et Hyères – France

Les souvenirs

Préambule

Texte écrit et publié sur Facebook le 15 juillet 2016, au lendemain de l'attentat de Nice.

Nice est la ville de mon enfance et de mon adolescence. De ma naissance jusqu'à l'âge de 18 ans, j'y ai habité, puis j'y suis bien sûr revenu fréquemment jusqu'à aujourd'hui. Chaque année, en été, l'enfant que j'étais allait au feu d'artifice, entre Lenval et le Negresco justement, après Magnan, mon quartier, le parcours du camion sauvage. Je n'ai jamais connu ailleurs en France une telle fréquentation autour d'un feu d'artifice le 14 juillet. Cela s'explique simplement : la promenade des

Anglais, la baie des Anges et son ciel nocturne sont le vaste décor de ces bouquets multicolores. La promenade scintille de toutes parts. Les lampadaires historiques autour des palmiers s'éteignent vers 22 heures et on jette nos regards vers l'horizon. Le feu d'artifice est tiré depuis la mer. Impossible de ne pas le voir, impossible, comme à Paris, d'être dans un angle mort si on arrive trop tard.

À Nice, le 14 juillet, c'est le rendez-vous qui marque le début des vraies vacances. Enfant, on se réjouit de sortir le soir comme les grands et puis plus tard, devenu grand, on y va pour boire des bières sur la plage avec copains et copines, comme une tradition. Quand les lampadaires se rallument, que les dernières fusées du bouquet final ont éclaté, on déambule sur la promenade côté mer et on va manger une glace dans l'un des bars sur la rive d'en face ou dans les rues adjacentes jusqu'à la zone piétonne.

À Magnan, à quelques mètres de la plage, il y a une caserne de pompiers. Les 13 et 14, c'est la fête à la caserne. Le bal débride jeunes et anciens. Parfois, un peu trop souvent même, une bagarre éclate. Je me souviens de l'inquiétude des parents lorsque nous allions à ce bal.

Hier soir, le bal a vite tourné court. Je ne suis pas sûr qu'il ait même eu le temps de commencer. Ce sont les premiers pompiers qui sont arrivés sur les lieux, les plus proches du massacre.

Hier, cinquante enfants ont été blessés, une dizaine ont été tués.

Je fais partie de ceux-là. Je suis cet enfant qui est en ce moment à l'hôpital Lenval. Je suis cet enfant, qui marche sur la promenade des Anglais, le dos à la machine folle, face au château tout au loin en ligne de mire. Je marche pour aller manger ma glace. Le mouvement de foule, j'ai à peine eu le temps de m'en rendre compte. Je suis cet enfant, car si j'avais eu 10 ans, j'aurais été, comme je l'ai été, exactement à l'endroit du carnage, à l'instant même du passage du camion. Les yeux encore pleins d'étoiles, j'aurais marché tranquillement dans l'insouciance vers ma glace !

Le barbare, le sauvage dénué d'humanité et d'intelligence, ce minable type a roulé sur nous. Ces résidus d'homme saccagent des vies, des souvenirs et des lieux. Qui peut prévoir ça ? Qui peut imaginer faire ça ?

Je ne vous l'ai jamais dit sur les réseaux sociaux, à la radio ou à la télévision : je suis né un 22 mars. Le 22 mars dernier, mes compatriotes francophones de Bruxelles ont été broyés par d'autres minables barbares. Là encore, ils ont saccagé des vies et des souvenirs.

Le 22 mars, à Nice, gamin, j'ai souvent essayé vélo, skateboard ou rollers offerts pour mon anniversaire. C'est anecdotique, mais hier, sur un coup de tête, je me suis acheté de magnifiques rollers en ligne d'une grande marque spécialisée dans un magasin parisien. Je comptais les essayer sur la Promenade la semaine prochaine. Réminiscence inconsciente, prémonition, hommage à mon enfance niçoise, je ne sais pas quoi en penser…

J'ai peu dormi, envahi par l'angoisse, à la recherche de proches par téléphone et réseaux sociaux.

Vers 5 heures, j'ai somnolé un peu, juste le temps de faire un rêve. Sur mon vélo rouge sans doute reçu un 22 mars, je précédais le camion du diable, je pédalais plus vite que lui, j'écartais tous les enfants et tous les parents. J'allais chercher ma glace dans le scintillement des lumières de la baie des Anges et je les emmenais tous avec moi.

Aujourd'hui, démuni, en colère et triste, je ne peux rien faire, je vous offre juste ces souvenirs. Je vous embrasse, je vais essayer de retrouver mon rêve.

Première partie : Nice

Nice a beaucoup changé depuis ce 14 juillet 2016. La promenade des Anglais est transformée. Aménagée et sécurisée, dira la mairie. On ne peut pas dire que ce soit mal fait ou disgracieux, c'est même plutôt joli. Mais ce n'est plus la même Promenade, la Prom', comme disent les Niçois. Désormais, il est impossible pour une moto ou une voiture de franchir la frontière entre la route et le large trottoir de la Prom'. Avant, les voitures passaient juste à côté de nous, roulant à vive allure. Un simple trottoir pas très haut séparait la zone piétonnière de la rue. C'était dangereux, mais personne ne s'en préoccupait. Une autre époque.

Lorsque le Tour de France passait par Nice, les cyclistes étaient à portée de main ; on aurait pu les toucher comme lors des étapes de montagne avec cette foule incroyable qui jalonne la course.

Aujourd'hui, de larges et bas poteaux blancs sont installés, réputés infranchissables, étudiés pour empêcher un camion de passer. Derrière eux, une grande piste cyclable, une bordure et enfin, le trottoir de la Prom' qui donne sur la plage.

C'est autour de cette nouvelle promenade des Anglais qu'Anne Goscinny nous raconte ses souvenirs. Son père, René Goscinny, le créateur d'Astérix avec Uderzo et du Petit Nicolas avec Sempé, est inhumé à Nice. Sa mère y est née. Gilberte et René se rencontrent lors d'une croisière. La jeune Niçoise de 24 ans tombe sous le charme en 1965. Ils se marient deux ans plus tard. À la mort de sa mère, Anne demandera que René, inhumé au cimetière du Montparnasse à Paris, soit enterré au carré juif du cimetière du Château, à Nice, pour réunir ses parents dans la même ville.

Dans *Le Sommeil le plus doux*, roman autobiographique, Anne raconte certains moments intimes de sa vie autour d'un 24 décembre dans un hôtel mythique. « *Le Negresco a beaucoup d'importance pour moi puisque nous y avons passé le dernier Noël de ma mère, un mois avant sa disparition. Nous étions toutes les deux dans une suite incroyable. Tout est démesuré dans cet hôtel, comme était démesuré mon chagrin fou de la voir s'éteindre à petit feu comme une flamme en ce jour de 1993. C'est un hôtel un peu passé, un peu désuet, mais je ressens une sorte de tendresse pour ce lieu et cette façade incroyable. J'y suis retournée bien plus tard avec mes enfants, comme pour exorciser le fantôme de ma mère que je revois encore montant ces marches avec l'espoir qu'elle allait vivre comme si elle n'était pas malade. Je crois que le personnel se souvient encore de mon fils Simon qui avait joué avec tout ce qui était à vendre dans la boutique de l'hôtel !* »

En allant vers le Vieux-Nice, on passe devant le jardin de la villa Masséna située juste à côté de l'hôtel Negresco, séparés par une rue passante où l'on voit s'arrêter des voitures de luxe pour accéder à l'entrée de l'hôtel qui fait l'angle. Le chanteur Elton John a souvent fait sensation à cet endroit-là, débarquant de sa Rolls pour gravir les quelques marches dans une tenue exubérante, saluant au passage le portier tout de bleu vêtu, avec un chapeau noir surmonté d'une sorte de plumeau rouge. Beaucoup de Niçois ont assisté à cette scène étonnante qui croisait les excentricités.

La villa Masséna est, elle, certes majestueuse mais beaucoup plus discrète, située au fond d'un vaste jardin et peu visible depuis la rue. Elle est l'une des dernières grandes villas prestigieuses du XIXe siècle qui fut construite sur la promenade des Anglais pour les princes et grands notables de l'époque. Aujourd'hui devenue musée, grâce à la volonté de son ancien propriétaire, le prince d'Essling, ses jardins sont ouverts au public.

Un mémorial dédié aux victimes de l'attentat du 14 juillet y est installé. Surmonté d'un cœur gravé sur une plaque de verre, il abrite les noms et âges des disparus avec cette phrase au pied, sur une stèle en pierre : « En mémoire de nos anges ».

« Ma mère dormait beaucoup la journée. Et pour occuper le temps, j'allais me balader un peu. Je suis partie dans ce jardin de la villa Masséna. Je me suis assise sur un banc et je me suis fait une promesse intime, le genre de promesses qui sont les seules à être réellement tenues. Je me suis dit qu'un jour, je raconterai cette histoire. »

Avec Anne, on se dirige vers la vieille ville en longeant la Promenade vers le cours Saleya avec le marché, les restaurants et les bars qui sont autour. Là règne une tout autre ambiance qui fait partie des lieux incontournables pour les visiteurs de passage et pour les citoyens niçois. Il y a des lieux de pèlerinage qui font ressurgir des souvenirs et qui permettent aussi de mettre des mots sur ces réminiscences.

« Vingt-deux ans après la mort de ma mère, j'ai pu écrire ce livre de souvenirs. Mes parents reposent dans cette ville. Aujourd'hui, je ressens un grand bonheur d'être ici, mais chaque fois que j'atterris à Nice, ce n'est jamais très simple. J'ai toujours un peu peur... »

Anne Goscinny évoque sans l'énoncer vraiment à quel point il peut être difficile de retourner dans certains lieux liés à un traumatisme. Il y a cette attirance/répulsion qui domine, comme si nous étions prêts à faire le grand saut, mais qu'au dernier moment, un obstacle nous en empêchait.

Aller dans une ville dans laquelle son enfance a été tourmentée ou sur les lieux de souvenirs trop douloureux est une épreuve. Certains y feront des passages par la force de l'esprit, d'autres opteront pour le déplacement physique, la confrontation du corps et du lieu. Puisqu'il reste toujours des traces indélébiles de ces endroits dans la mémoire, il est parfois salutaire de les affronter non pas comme des lieux « maudits » où notre vie a commencé, où nous avons laissé quelques plumes et quelques fantômes, mais comme des sites réinventés par un regard neuf. Il faut y recréer de nouveaux souvenirs en vivant d'autres moments avec des personnes que l'on aime.

Avant d'arriver sur le cours Saleya, on remarque des rues étroites en contrebas de la place Masséna. De vieux immeubles historiques sur quatre étages aux couleurs rouge et ocre. Dans la rue Mari, l'une des premières rues qui s'ouvrent vers la vieille ville, l'un de ces immeubles a vu naître l'écrivain franco-belge Didier van Cauwelaert. Auteur à succès prolifique, lauréat de nombreux prix, dont le prix Goncourt en 1994 pour *Un aller simple*, Didier est resté un fidèle de la ville de Nice. Il semble que, lui, ait su garder ses souvenirs et en fabriquer d'autres, raflant des moments positifs à chacun de ses passages. Il rayonne quand il arpente sa ville de naissance. Issu d'une famille en mouvement entre la Flandre et la Côte d'Azur, il veut un jour faire plaisir à son père, le sauver même, alors que celui-ci veut se suicider après un grave accident de voiture qui le handicape sévèrement.

Ce père a rêvé toute sa vie de devenir écrivain, sans succès. Alors, à 7 ans, Didier décide de devenir le plus jeune écrivain publié au monde. Il va solliciter toutes les grandes maisons d'édition, se faisant même « recommander » par d'illustres auteurs de son époque en imitant leurs signatures. Les éditeurs ne sont pas dupes, mais son premier roman sera toutefois publié alors qu'il a 22 ans seulement. Douze ans plus tard, il décroche le Goncourt !

L'écrivain, désormais reconnu, qui affiche une fierté assumée, tient à nous emmener sur les lieux de son enfance lors de cette rencontre dans la chaleur d'un été. « *Nous sommes rue Alexandre-Mari, juste en dessous de la place Masséna. C'est ici que je suis né ! C'est un lieu un peu obscur, on est dans le tamisé, au pied de l'agitation touristique. C'est une rue peu éclairée par le soleil car étroite, et elle a eu le record d'installations d'entreprises funéraires ! Il y en avait cinq quand je suis né ! Cela explique peut-être mon rapport détendu à la mort et à ce qui se passe après la vie !* »

Des bouquinistes qui vendent de vieilles cartes postales et de vieux livres se font une place sur le cours Saleya, le marché le plus connu de Nice.

Fleurs, fruits et légumes, spécialités locales, on y respire le frais, l'odeur des produits dans les cris des marchands qui haranguent les clients. La scène est multicolore. Les espaces étroits pour passer entre les étals favorisent le contact avec les fleurs de courgette jaunes et vertes, les poivrons rouges, les gros oignons blancs et les cébettes, ou les abricots orangés à maturité. On sent la terre, le soleil et la mer en fonction du vent, puisque juste derrière une ligne de bâtiments bas se trouvent la mer Méditerranée, le haut de la promenade des Anglais et, un peu plus loin, le château ou du moins la colline du château !

Didier van Cauwelaert s'en amuse. *Tout le monde ici dit « le château », mais il n'existe plus. Il ne reste qu'une tour, que l'on voit depuis la Promenade, la tour Bellanda. En revanche, il y a des jardins sublimes, une cascade étonnante et, surtout, un point de vue incroyable qui se mérite. C'est l'un des plus beaux points de vue du monde. Pour y arriver, il faut monter un millier de marches dans un décor de vieille rocade, et chaque fois que l'on se retourne, on surplombe la mer et la baie des Anges. Dès que je reviens à Nice, c'est à la fois mon enfance et mon énergie ascendante que je retrouve quand je gravis la colline du château ! »*

*

Les souvenirs d'auteurs autour de la ville de Nice sont très émouvants, très touchants dans la façon dont ils les formulent. Avec pudeur, un peu de détachement, beaucoup de tact, ils sont nombreux à avoir une histoire personnelle avec elle.

J'ai moi aussi des souvenirs dans cette ville. Beaucoup, évidemment, et certains sont d'une douleur immense. J'y ai aussi laissé des fantômes, me battant toute ma vie pour en faire le deuil. Courant vers la survie d'abord, puis vers l'ailleurs et surtout vers les autres, toujours vers les autres. Ce sont eux qui m'ont sauvé. Mais les souvenirs laissés à Nice m'ont trop souvent empêché d'atteindre le bonheur car ils sont trop forts, les stigmates sont trop profonds, certains dommages causés irréparables.

J'ai toujours aimé les véhicules et tout ce qui roule. Sans doute pour pouvoir m'échapper ou me réfugier quelque part aussi vite que possible. Le vélo m'excite par son incarnation de la liberté pour l'enfant comme pour l'adulte, la voiture me rassure car on peut y dormir en cas de force majeure.

Le skateboard ou les rollers m'amusent, mais je ne suis jamais retourné en faire sur la promenade des Anglais. Les super rollers achetés ce 14 juillet que je devais étrenner sur la Prom' sont restés dans mon placard. Je ne les ai jamais utilisés.

Seconde partie : Hyères

C'est un débat qui agite la région Provence-Alpes-Côte d'Azur depuis longtemps. Où s'arrête la Côte d'Azur, qui commence, c'est convenu pour tout le monde, à Menton, et qui inclut Monaco ? On accordait autrefois à Saint-Tropez l'honneur d'en faire partie, d'autres plus stricts la limitaient à Cannes et La Napoule. Aujourd'hui, on estime que Hyères, dans le département du Var, est sur la Côte d'Azur. Et comme Hyères fait partie de Toulon Provence Métropole, la ville de Toulon s'est octroyé le droit de revendiquer son appartenance à cette célèbre Côte connue dans le monde entier et elle fixe ainsi sa limite territoriale.

Mais la ville balnéaire de Cassis, dans le département des Bouches-du-Rhône, à côté de Marseille, estime qu'elle y a droit aussi puisqu'elle est balnéaire, justement, et que ses calanques font partie de la carte postale Côte d'Azur inscrite dans la mémoire collective. Une histoire ubuesque comme on les aime dans le Sud, qui n'a pas fini de faire jaser et de diviser les habitants des Alpes-Maritimes et du Var, sans compter ceux des Bouches-du-Rhône, qui s'incrustent, disons les choses !

La ville d'Hyères est l'une des plus étendues de France. De la vallée de la Sauvebonne, sur les hauteurs, à la presqu'île de Giens, il y a environ trente kilomètres. C'est l'écrivain Julien Sandrel, auteur à succès d'origine hyéroise, qui nous fait découvrir des lieux intimes et des endroits étonnants, comme sur la place Saint-Paul, en haut de la vieille ville.

Sa *Chambre des merveilles*, succès en librairie et adaptée au cinéma, a fait de lui l'un des auteurs phares de la région, reconnu à travers la francophonie. Avec son allure bon chic bon genre, ses lunettes, sa politesse et sa douceur, il inspire la sympathie. Un peu réservé ou timide, il semble ne pas réaliser son succès et s'applique lors des salons du livre à communiquer généreusement avec ses lecteurs. Il sait qu'il leur doit beaucoup et il respecte ainsi ses engagements envers eux. Julien est patient, aimable et à l'écoute, et ses séances de signature sont toujours réussies.

« On est sur la place Saint-Paul, au cœur de la vieille ville d'Hyères. D'ici, on a un panorama absolument magnifique sur la totalité de la ville. Au loin, on voit très bien les îles d'Or, composées de Porquerolles, Port-Cros et Le Levant. En bord de mer, l'ensemble de la ville moderne s'étend. Plus on monte sur la colline, en altitude, plus les bâtiments vieillissent et plus on remonte le temps. Ici, on se trouve donc au cœur de la ville médiévale.

Dans mon livre La Chambre des merveilles, *il y a un soupçon d'Hyères lié à mes souvenirs personnels. C'est d'ailleurs cette place où nous sommes qui m'a inspiré puisque je fais une allusion dans ce livre à la soupe au pistou, qui est un plat typiquement provençal. C'est une soupe d'été avec des légumes, des pâtes et du pistou. Il se trouve que, sur cette place Saint-Paul, pendant des années, un rassemblement de voisins avait lieu tous les ans. Les gens partageaient une soupe au pistou. Moi, j'y ai participé étant enfant. Traditionnellement, ensuite, le 14 juillet, on descendait les rues de la ville d'Hyères jusqu'au Park Hotel que l'on voit en face de nous, un palace néoclassique qui date du milieu du dix-neuvième siècle, où était tiré le feu d'artifice.* »

Sur cette place souvent ventée se dresse la collégiale Saint-Paul, qui renferme une collection de plus de quatre cents ex-voto installés par les fidèles depuis les années 1600. Ils reproduisent des scènes de la vie quotidienne et de la vie familiale avec des souvenirs très intimes pour les citoyens de l'époque. Ces ex-voto représentent souvent des drames familiaux, mais qui ont connu une issue heureuse.

Sous cette collégiale, sous nos pieds, se trouverait le trésor des Templiers, une légende savamment entretenue par les habitants d'Hyères, notamment dans ce quartier historique. À l'entrée de cette collégiale, une dame en robe rouge nous regarde. À l'évocation de ce trésor, elle acquiesce et se dirige vers nous. Bien sûr que cette histoire est vraie ! Elle nous précise même que le trésor serait caché dans la collégiale, pas autour… Nous n'osons pas laisser supposer que le trésor de cet ordre religieux, constitué à l'époque du pape Clément V et composé de dix mille moines chevaliers, puisse se trouver ailleurs en France ! Cette obscure histoire de trésor se retrouve en effet dans de nombreux lieux en Orient et en Occident. Laissons aux Hyérois l'espoir ou le fantasme qu'une partie de ce trésor probablement colossal demeure sous leurs pieds !

En contrebas de cette collégiale et de la place Saint-Paul se trouve une merveille bien réelle : un magnifique lavoir restauré laisse entendre le bruit de l'eau qui coule. Il faut descendre un escalier de métal moderne qui tranche avec l'ambiance médiévale des lieux pour découvrir sous une charpente de bois recouverte de tuiles provençales ce long lavoir en pierre créé en 1888. Autour, un jardin arboré composé de bancs publics sous une tonnelle complète la carte postale. En été, on ressent une petite fraicheur quand on s'approche de ce grand bassin peu profond alimenté par une fontaine qui laisse s'échapper un filet d'eau. Julien Sandrel se souvient : « *Ce lavoir est absolument magnifique, et il a été véritablement utilisé jusque dans les années 1960. Je sais que mon arrière-grand-mère et ma grand-mère l'ont utilisé !* »

Alors que nous tournons la tête vers l'horizon, nous apercevons le double tombolo au loin. C'est un autre trésor. Ces cordons de sédiments qui relient la presqu'île de Giens à Hyères sont très fragiles. Il existe très peu de tombolos dans le monde, et un double tombolo est unique, endémique au département du Var. Il remonte à plusieurs millions d'années, et Julien Sandrel rappelle un fait historique.

« Le deuxième tombolo n'était pas encore complètement formé au moment où la cité d'Olbia, l'ancienne cité grecque d'Hyères, était constituée. Il y avait des pirates sur l'île de Port-Cros et du Levant qui étaient surveillés depuis Olbia par les Grecs qui passaient à proximité du tombolo en formation pour aller les affronter. »

Cette formation géologique unique au monde a généré deux plages parallèles avec, au centre, entre les deux tombolos, des marais salants et une biodiversité rare. C'est un refuge pour de nombreuses espèces d'oiseaux, qu'on peut croiser en allant sur la plage de l'Almanarre, paradis des surfeurs et kitesurfeurs, ou sur la plage de la Capte, en face.

Nous prenons la direction du bord de mer et de la plage de la Capte, justement, pour évoquer quelques souvenirs marins avec un Breton ! En descendant ces petites rues hyéroises, on arrive sur le bas de la vieille ville, le quartier commerçant avec les traiteurs locaux, le caviste qui vend la bière brassée à Hyères nommée La Trop, avec toujours cette histoire de Côte d'Azur sous-jacente, les restaurants de la place Massillon où se côtoient le meilleur comme le médiocre sur le plan culinaire, voire le pire ! Il y a, sur cette place, un établissement qui tente de faire des pizzas aux recettes italiennes, comme la fameuse tomate, jambon cru, burrata et roquette, pizza estivale par excellence. Ne maitrisant pas vraiment la recette, il arrive que le cuistot, nous ne parlerons pas ici de pizzaïolo, la mette au four avec tous les ingrédients ! Le jambon cru devenant cuit et croustillant, la salade transformée en herbe sèche, et ne parlons pas de la burrata…

Dans ce quartier, il y a pourtant des impressions d'Italie. L'écrivaine italienne francophone Simonetta Greggio, qui a brossé dans ses romans le portrait sans concession de son pays d'origine à plusieurs époques, est très attachée au Sud. Son sud oscille entre certaines régions italiennes et le sud de la France. Avec son accent chantant prononcé, son élégance habituelle, Simonetta marche dans les rues d'Hyères avec panache. Sa robe écrue au tissu ouvragé laissant des ouvertures affriolantes confortables pour le corps, ses sandales de toile aux semelles de corde de chanvre et son incroyable allure nous laissent penser un instant que nous avons quitté la France. Elle est venue rencontrer ses lecteurs dans les librairies du Var, et les souvenirs de Simonetta ressurgissent quand elle monte les ruelles d'Hyères.

« Je retrouve ici exactement l'atmosphère de mon sud rêvé qui est toujours le même depuis que je suis née. À la fin des années 1970, je suis allé à Capri, et cela a été un énorme coup de cœur, comme si j'y avais toujours habité. Et ensuite, je suis allé à Ventotene, une petite île au large de Naples que personne ne connait. C'était au mois de mai, ma période préférée pour aller dans le sud. Nous arrivons sur le port dans une petite trattoria, *et ils nous font un plat de spaghetti* alle vongole *parfait ! Je repense à ça ici, car on retrouve tous les produits pour les cuisiner : les palourdes, l'ail, le persil, la bonne huile d'olive et un petit piment. Il faut juste trouver les bonnes pâtes au blé dur tréfilées au bronze, qui restent fermes à la cuisson. Ici, c'est parfait pour faire ça, car c'est finalement le même sud ! »*

Le ciel bleu intense met en lumière les couleurs de la vieille ville d'Hyères. Devant nous, une rue descend, assez raide, et plonge vers la partie moderne et les routes des plages.

« Ce bleu pâle sur les bâtiments me fait rêver. Regardez ces couleurs chaudes, jaune, orange, rose ! Je ne sais pas comment on peut vivre ailleurs que dans le sud ! Tout ce panorama de couleurs renvoie à mes souvenirs d'Italie. On vit et on mange de la même façon, on écoute les mêmes cloches, on vit et on meurt de la même manière, plutôt plus heureux qu'ailleurs. »

Simonetta Greggio montre que les souvenirs sont ancrés dans notre esprit, ils ne dépendent pas toujours des lieux où l'on se trouve. Ils peuvent surgir à n'importe quel endroit du monde. Des couleurs, une ambiance de rue, une odeur, et on est plongé dans le passé et dans un endroit éloigné de celui que l'on arpente.

Ceux qui sont attirés par la mer retrouveront toujours leurs sensations, même s'ils ne sont pas au bord de leur mer ou de leur océan d'origine.

C'est à environ quinze minutes de voiture que l'on arrive au début du tombolo, le plus ancien, le plus solide aussi. L'autre, du côté de l'Almanarre, est en danger. Il faut le préserver en limitant la circulation pour éviter qu'il ne s'affaisse. Là où nous sommes, à son opposé parallèle, on croirait une route départementale tout à fait normale. Pourtant, sur notre droite, des marais salants à l'odeur parfois forte en fonction des chaleurs, âcre et musquée, et sur notre gauche, une fois passé un hippodrome, la mer et un petit quartier résidentiel nommé La Plage. Ça ne s'invente pas !

On se retrouve dans une pinède pleine de maisons anciennes ou rénovées par des architectes rivalisant en créativité. Les cigales « chantent » aussi fort qu'elles le peuvent, couvrant totalement le bruit de la mer même lorsqu'elle est agitée. On se gare et on arrive par un chemin de sable, balisé par des piquets de bois, sur la plage des Pesquiers. Cette plage aux allures sauvages précède celle de la Capte, qui se trouve juste après, dans une autre anse.

Aux Pesquiers, le sable est rugueux, des morceaux de bois flotté, des fragments de coquillages et de petits cailloux se mélangent avec le sable lisse du bord de l'eau. C'est un sable de pleine nature, et il faut bien connaitre l'endroit pour trouver le spot idéal afin d'aller à l'eau. On y a pied loin, mais il y a des passages de sable doux et d'autres parsemés de galets et de petits rochers.

C'est un lieu peu fréquenté, même en été, les vacanciers préférant le sable fin légèrement strié de gris et l'eau bleu ciel translucide de la Capte.

Ici, on peut se poser, le matin de préférence, quand le soleil est en face, pour regarder l'eau qui ondule légèrement, générant des vaguelettes plates par temps calme. On pourrait se croire au bord d'un lac. L'exercice de méditation est facile, les souvenirs viennent peu à peu à notre rencontre, comme cette eau qui glisse sur le rivage, lentement, délicatement, avant l'appel à la nage.

Le Breton Yann Queffélec a une affection particulière pour la Méditerranée. L'auteur du *Dictionnaire amoureux de la Bretagne* et du *Dictionnaire amoureux de la mer*, prix Goncourt en 1985 pour les *Noces barbares*, a longuement parlé de la Méditerranée dans *La Mer et au-delà*, entre la Corse et Toulon, en racontant l'histoire et la vie de son amie Florence Arthaud, qui fut secourue en pleine mer par les sauveteurs toulonnais.

« *L'innocence du monde incarnée par la mer dans ce qu'elle a de plus doux et de plus violent, c'est une manière de nous remettre à notre place et nous amener vers notre propre définition. Constamment, on pense savoir qui on est. On se souvient, on se dit : voilà, à l'âge que j'ai, j'ai compris qui je suis, j'ai compris comment cela se passe. Et ce n'est pas vrai !*

Dès que l'on embarque sur un bateau, dès qu'on est confronté aux éléments, dès que ça se déchaine un petit peu, on se retrouve soi-même sur un plan déchainé que l'on n'avait absolument pas prévu. C'est une remise en question permanente par la nature. Mais on ne peut pas ne pas souffrir quand on est face à la mer. Quand on pense aux dégâts que la civilisation a infligés à la mer et dont on ne sait pas comment les réparer, c'est douloureux. »

Sur cette plage de la Capte, qu'il découvre, il se souvient de son prix Goncourt. C'est d'ailleurs après l'obtention de son prix et grâce aux ventes mirobolantes de son livre qu'il achètera un voilier et partira vers la Corse où il rencontrera par hasard Florence Arthaud. « *C'est exactement comme une tempête qui change la vie du marin. Vous affrontez une tempête de bonne chance que vous prenez en pleine figure. Il faut la traverser, il faut la vivre. Ce n'est pas un rêve, il faut l'assumer tous les jours de sa vie, y compris aujourd'hui !* »

À proximité de la plage des Pesquiers, sur la rive du continent, la piste de l'aéroport régional de Toulon-Hyères va jusqu'à la mer. Comme à Ajaccio, l'avion décolle en bout de piste, sur la plage au-dessus de l'eau. Un lieu de rêve pour atterrir aussi.

Un autre prix Goncourt est passé par cet aéroport. Lauréat en 1987, deux ans après Yann Queffélec, celui qui deviendra ensuite membre éminent de l'Académie, avait accepté l'invitation de la Fête du livre d'Hyères et des librairies indépendantes Charlemagne en 2021. Tahar Ben Jelloun, avec sa convivialité, son humour et, parfois même, avec certains chanceux, sa tendresse, découvrira Hyères, la plage des Pesquiers et la plage de l'Almanarre avec des yeux d'enfants. Le Robinson et L'Endroit, deux restaurants les pieds dans l'eau, offriront à Tahar des moments suspendus et lui rappelleront sa jeunesse au Maroc. Nous l'accompagnerons vers ce fameux aéroport en prenant la route du sel entre les marais et les flamants roses.

Peu de monde autour de nous. L'affichage annonce des vols en partance pour Paris et Brest, et une arrivée en provenance de Charleroi, en Belgique. En entrant, on tombe sur un commerce de journaux, sandwichs et souvenirs consacrés à la région et au célèbre RCT, l'incontournable club de rugby toulonnais.

C'est un lieu qui évoque le voyage, mais qui fait surtout ressurgir chez Tahar un souvenir fort qui l'accompagne à chacun de ses déplacements en avion.

« *Normalement, j'arrive à l'aéroport trois heures en avance, même pour un vol intérieur. Cela correspond à un traumatisme que j'ai eu il y a très longtemps, alors que j'avais à peine 16 ans. C'était la première fois que je prenais l'avion. Je partais de Casablanca par un vol de nuit sur une Caravelle, un avion qui n'existe plus. J'étais invité par la Fédération des ciné-clubs de France, qui n'existe plus non plus ! J'arrive donc à Paris pour faire ce stage et rencontrer les grands cinéastes dont je rêvais.*

Au retour, des amis veulent me raccompagner à l'aéroport. L'heure du départ était fixée à dix-sept heures et je me pointe comme pour prendre le train, dix ou quinze minutes avant, comme je l'avais fait en prenant le train à la gare Saint-Lazare, à mon arrivée, pour aller dans la ville où se déroulait le stage, à Marly-le-Roi, dans les Yvelines.

Dans ma tête, j'arrive et je monte dans l'avion ! L'hôtesse me dit alors que ce n'est pas possible d'embarquer, qu'il fallait venir au moins une heure avant.

Et je me suis retrouvé, à même pas seize ans, sans le sou, désemparé avec ma valise. J'ai passé vingt-quatre heures à Orly en attendant le prochain avion, en dormant sur des banquettes en skaï. Je hais le skaï, je déteste le skaï depuis ce jour-là ! Heureusement, une hôtesse a eu pitié de moi et m'a donné un sandwich.

Et ce souvenir a constitué chez moi un traumatisme persistant. Du coup, quand je dois prendre un avion, je suis le premier à être là trois heures avant ! »

*

Lors d'un départ, on laisse les souvenirs du moment se constituer, se former au fond de soi. On y pense doucement lors du voyage retour et puis on les laisse en friche, jusqu'au jour où ils ressurgissent, soit en retournant sur les lieux, soit en y pensant au cours d'un autre voyage. Un souvenir se reconstruit ou s'enrichit au gré des hasards et des sensations découvertes ailleurs.

La Côte d'Azur est pour moi un réservoir de pensées et de réminiscences. Les joies et déconvenues s'y côtoient, comme pour ces auteurs rencontrés sur place. Chaque souvenir fait naitre une forme de nostalgie qu'il faut surmonter ou sublimer pour continuer son chemin de vie. Je repense souvent à ces moments vécus « sur mes terres », comme le dit fréquemment un ami intime de Paris qui, en énonçant ces mots, décrit avec complicité ce qu'il a vécu avec moi, même lors d'un court séjour. Je n'ai pas toujours aimé cette expression, croyant à une formule de distance presque dévalorisante. Les racines, le comportement, le langage, la culture locale, tout est pourtant synthétisé dans ces mots « sur mes terres » ! C'est sans doute une façon de résumer son ressenti, influencé par ma volonté affectueuse de partager des valeurs et quelque chose qui, probablement, me dépasse.

Port-au-Prince – Haïti

La résistance et la résilience

Haïti est un paradoxe. Un tiers d'île désœuvré qui côtoie la richesse de la République dominicaine. Un pays du tiers-monde, selon l'expression née dans les années 1950, qui n'a cessé d'être controversée ensuite pour laisser la place en 1997 à une formule plus acceptable selon la communauté internationale. Haïti fait donc partie aujourd'hui des « pays les moins avancés ». Néanmoins, l'île a tout pour être une rivale touristique de son pays voisin sur ce continent confetti improbable, esseulé dans la Caraïbe et pourtant si proche des Antilles et de Cuba.

Port-au-Prince donne au voyageur une impression paradoxale d'exotisme réjouissant et de contraintes accablantes. Dès l'arrivée, il faut payer un droit d'entrée en dollars. Si l'étranger n'a pas prévu de billets, il se retrouve dans un espace hostile, son passeport conservé par les autorités qui attendent un paiement immédiat. Dans ce lieu exigu, le ton monte très vite derrière une vitre de sécurité et les moustiques nous tournent autour. En masse, une nuée d'insectes nourris au sang des voyageurs étrangers et des locaux fait office d'accueil et presse chacun de trouver une solution rapide. Car le danger vient d'abord des moustiques, qui peuvent porter les pires maladies que l'on redoute avant le départ. Ils seront la préoccupation majeure du séjour et nous feront vider des flacons entiers de spray protecteur sur tout le corps, dos inclus grâce à la contribution mutuelle des compagnons du voyage.

Tout parait ici obsolète, rudimentaire et d'un autre âge, comme une plongée dans les années 1980 d'un pays de l'Est. Il faut quitter l'aéroport et les contrôles stricts fondés sur l'argent pour trouver un paysage plus accueillant, plus conforme à la situation géographique fantasmée.

Malgré le tremblement de terre dévastateur de 2010, la ville est comme intacte, excepté quelques rares bâtiments éventrés, mais aux alentours, sur les hauteurs, subsistent des bidonvilles et des camps d'accueil pour sans-abris. Loin du centre, loin du cœur de la cité, loin des yeux. Haïti a su préserver les apparences, reconstruire l'essentiel pour donner l'image d'un pays qui maitrise son quotidien et son avenir. Le pays résiste à tous les tourments de son histoire. Les habitants s'adaptent, mais subissent les frasques politiques d'un autre temps et les gangs qui démolissent des familles entières. La mort rode encore. Le danger est une norme qu'il faut gérer, appréhender au mieux, sans aucune certitude, sans garanties d'une vie paisible, car rien n'est paisible à Port-au-Prince.

Dans le centre-ville, Néhémy Pierre-Dahomey, jeune auteur ambitieux qui avait beaucoup fait parler de lui avec son premier roman *Rapatriés* en 2017, nous donne rendez-vous dans la cour d'un hôtel à la flore luxuriante, à deux pas de la place du Champ-de-Mars. Le jardin est un écrin de verdure avec une piscine à la mosaïque turquoise et des plantes exotiques autour. Un peu sombre, entre les bananiers et autres arbustes d'ornement, cet endroit nommé Le Plaza est à l'écart du bouillonnement de la ville. Quelques oiseaux colorés se perchent sur des branches et sur le coin des tables. Des fauteuils en rotin couverts de tissu bleuté offrent à qui le souhaite un moment de plénitude. Pourtant, à quelques mètres seulement se trouve le palais présidentiel sans cesse agité, où le pire et l'impensable peuvent se produire, à la marge de cette place occupée par les flâneurs et les vendeurs ambulants de rhum arrangé et de café dans toute leur précarité.

En sortant de l'hôtel, pour rejoindre la place, il faut traverser une large rue, sans passage piéton, sans signalisation. Nous devons nous imposer de manière déterminée pour affronter des véhicules qui roulent à vive allure, avec ce sentiment que les chauffeurs ne s'arrêteront jamais. C'est un duel risqué, un match succinct entre la voiture et nous. Qui osera traverser ou freiner ?

S'affranchir de l'appréhension est la première condition pour se lancer. Entre deux véhicules à la vitesse un peu plus modérée que les autres, il faut y aller. Le pied quitte le trottoir et foule l'asphalte de la route, on avance vite mais sans précipitation pour montrer sa présence et sa force, exposant son corps robuste, fantasmé sur l'instant, qui arrêtera le véhicule quoi qu'il arrive. Et le miracle de la concordance des temps fait son œuvre. La voiture freine un peu, jauge sa distance pour nous laisser passer et aussitôt réaccélère vivement comme pour donner le signal d'une supériorité qui aurait pu nous renverser brutalement avec des conséquences que l'on préfère ne pas imaginer. C'est notre première épreuve, premier contact avec la rue.

Nous voilà sur la place ! Néhémy est grand et élancé, élégant ; chemise blanche et veste gris clair de bon goût, il a revêtu des allures occidentales, lui qui vit entre Port-au-Prince et Paris. L'affrontement et les épreuves, il connait. Son roman sur un exil forcé et sa vie qu'il dévoile avec parcimonie laissent imaginer un vécu compliqué dans un pays qu'il aurait sans doute aimé habiter « par évidence », comme il le précise. Habiter dans son pays, sans peur ni entraves. Mais Port-au-Prince, sous les allures royales de son centre, n'est pas une ville comme les autres. Elle ne laisse pas de répit, pas d'insouciance, pas de perspectives.

C'est dans une ambiance foisonnante et bruyante que l'on marche sur cette grande place dans une chaleur moite. On se dirige vers un kiosque avec des gradins en béton et une scène, encerclée par des murs, une agora ouverte au public qui pourrait accueillir des artistes et des performances, mais qui reste vide. Elle est centrale, mais isolée du reste de la ville par ses murs et l'ignorance des passants, à l'image de l'île posée dans le joyau de la Caraïbe, mais tenue à l'écart des autres.

« *Je trouve que ce n'est pas un bon choix d'encercler un lieu public qui a longtemps servi d'agora pour les citoyens. C'est la rénovation qui a restreint ce lieu, mais j'adore toujours l'idée d'avoir une agora en pleine ville et en plein air. Autour, c'est un lieu de passage, toutes les catégories de personnes peuvent s'y croiser. Il y a le cinéma Le Triomphe juste à côté, mais c'est sans doute l'un des rares cinémas au monde où il n'y a pas de projections de films ! C'est devenu un lieu institutionnel, là encore rénové, avec des rencontres et des réceptions. Et juste en face, sur la droite, il y a le quartier de Sans-Fil avec des bidonvilles* », raconte Néhémy.

En allant vers ce quartier, qui nous donne envie de nous éloigner de cette place pour découvrir la vraie vie de Port-au-Prince, terre de contraste, on perçoit immédiatement une autre ambiance.

Comme un lieu tampon, un marché de produits artisanaux et de souvenirs est positionné à la lisière de la place. Des sandales et des tongs en cuir rigide, davantage destinées à l'ornement qu'à la marche, sont présentées sur des nattes et des murs d'exposition. Des objets en bois, des geckos faits de métal, des toiles artistiques, tous les produits sont étalés avec soin. Nous continuons, évitant les sollicitations des vendeurs, et atteignons une rue pleine de motos et d'échoppes de fortune. Ciblés par des regards interrogateurs et une défiance curieuse, on se force à poursuivre notre chemin, et nos regards se portent vers le flanc de la colline, juste en haut, où se trouvent des maisons rudimentaires en briques de béton brut. Le contraste avec la place bien propre et ordonnée est surprenant. La ville montre ses facettes contradictoires, mais laisse cette impression de résistance et de résilience face aux épreuves, qu'elles soient climatiques ou sociales. Peu importe le décor tant que la vie règne ! Des motards sans casque, comme c'est la normalité ici, nous frôlent et s'affichent pour se rendre disponibles. Taxis motos et *tap-taps*, le taxi collectif local décoré de dessins bariolés, se concurrencent pour emmener les visiteurs.

On avance vers le quartier Sans-Fil, mais Néhémy freine nos ardeurs. On ne peut pas s'aventurer plus loin. L'atmosphère change. Les différences s'accentuent. Nous ayant vus arriver de la place, les regards s'intensifient au fur et à mesure que l'on progresse vers les habitations. La frontière est largement franchie, des gangs veillent et dirigent le quartier, il faut rebrousser chemin et retourner vers l'esplanade qui nous est de facto indiquée pour continuer la visite.

Autour de cette place, tout a été reconstruit après le séisme, principalement les bâtiments administratifs, dans un style très américain. Un grand commissariat y est installé, et, devant lui, des poules et des coqs sont en liberté. Ils s'aventurent vers l'entrée ou vers les marchands de rhum conditionné dans des bouteilles en plastique, avec leur sono à pleine puissance. Les poulets se pavanent dans les décibels et hésitent entre les bureaux et le petit verre d'alcool !

Sous une halle, des hommes se sont réunis pour regarder un match de football. Personne ne semble faire attention à nous. Pourtant, selon Néhémy Pierre-Dahomey, *« les gens sur cette place ont l'air de ne pas nous voir. Ils sont en train de vaquer à leurs activités, on n'est pas du tout embêtés, mais ils nous voient. Il y a un homme qui est venu me demander en créole de lui payer un verre d'alcool, car il doit croire que je suis riche ou important avec vous à mes côtés ! »*

Un coiffeur de rue nous a effectivement aussi repérés. Il est abrité par une bâche orange. Son miroir est posé contre un tronc d'arbre, et son client est assis sur une chaise rouge, avec toujours cette musique en fond sonore. Il nous hèle et nous propose de nous poser à ses côtés.

Dès que l'on tourne le regard, une ambiance différente nous saute aux yeux. Vers la droite, l'entrée du musée du Panthéon national, avec une butte de gazon et de végétation caractéristique de la Caraïbe, le musée étant construit sous terre. Plus loin, un camelot côtoie un beau restaurant chic et, à proximité immédiate, un grand espace vide dévoile, au fond, le nouveau palais présidentiel.

Incroyable lieu: tout et tout le monde se côtoie, comme le disait Néhémy. La précarité, la beauté de certaines architectures, les passants habillés de toutes sortes de tenues minimales ou couvrantes. Il y règne une forme de nonchalance et de vie paisible malgré les conditions sociales très rudes. La résistance face à la vie, face aux épreuves, les Haïtiens en sont coutumiers.

Nous prenons un véhicule pour aller vers Pétion-Ville, dans la banlieue de Port-au-Prince, sur les hauteurs, dans le département de l'ouest. Autrefois lieu de villégiature réputé et plébiscité, le secteur est resté résidentiel mais aussi touristique. Sur la route, dans une circulation dense, on observe la vie des Haïtiens dans leurs quartiers, souvent collés à leur moto, leur mobylette ou leur scooter. Il y a décidément plein de deux-roues. Dans un virage, un marchand d'objets et de sculptures en métal a disposé ses œuvres et celles des artisans du coin. C'est grand, très étendu, le choix est considérable, il y en a partout, de toutes sortes. Animaux – tarentes et salamandres principalement –, *tap-taps* et autres symboles du pays sont exposés dans un foisonnement de couleurs. Une nouvelle fois, quand on regarde vers les collines qui surplombent la route, on aperçoit des maisons de fortune délabrées, et, plus loin, encore et encore, des bidonvilles.

Arrivés à Pétion-Ville, on constate la même chose, ce même contraste. Certes, des diplomates, des artistes, des auteurs et la fine bourgeoisie locale y sont toujours installés, mais ils partagent désormais le territoire. Le séisme a fait migrer les populations, chacun s'est logé sans distinction de classe dans tous les lieux possibles. On s'y sent cependant plus en sécurité ; il règne une forme de stabilité. Les parcs sont bien entretenus, les habitants et les camelots plus curieux que méfiants.

Sur la place Boyer, on rejoint Emmelie Prophète, écrivaine et journaliste haïtienne, nommée ministre de la Culture et de la Communication en janvier 2022. Elle a publié six romans, dont *Un ailleurs à soi* chez Mémoire d'encrier, qui se déroule à Pétion-Ville. Emmelie est une femme moderne, conviviale et bienveillante. Elle sait communiquer sa passion pour la littérature et pour les autres. En réflexion constante, elle offre avec générosité sa perception de la vie en Haïti. Elle raconte dans son roman les allers-retours de la population, les Haïtiens qui veulent partir de Port-au-Prince et certains autres implantés en Occident qui viennent s'y installer.

« *Les Haïtiens ont toujours rêvé de partir. C'est un pays d'où l'on part. Et dans certaines provinces, quand quelqu'un décède, on dit que son âme est retournée en Guinée. Beaucoup sont arrivés ici par la traite des esclaves. Ils venaient notamment des pays de ce que l'on appelait le golfe de Guinée. Et comme nous ne sommes jamais parvenus à construire ici une vraie république où tout le monde aurait des chances et des droits, tout le monde a imaginé partir pour réussir ailleurs. Un Haïtien ne part pas parce qu'il n'est pas bien ici. Il part car c'est dans la mythologie du pays. Il faut partir car il y a un ailleurs qui attend, un ailleurs prétendu meilleur. Certains médecins exilés sont devenus infirmiers à Montréal et des architectes ont été agents de sécurité pour des magasins à Paris ! Nous avons une envie et un besoin de partir. Et j'ai même l'impression qu'il faut partir pour mieux habiter ce pays ! »*, analyse Emmelie Prophète avec une lucidité mêlée de regrets. La résilience face à la vie est plus forte que tout. Partir pour ne pas vivre dans la pauvreté, partir pour exister, partir pour tenter de s'épanouir, quitte à laisser ses racines et ses proches. Montréal, ville d'accueil, était et est toujours privilégiée car sa situation géographique assez proche permet un retour plus facile.

Un son est omniprésent dans la ville, celui des générateurs d'électricité, de grosses machines qui prennent le relai en cas de coupure de courant. L'électricité est rationnée, et il arrive que les habitants restent une semaine sans avoir accès au courant de ville.

La place Boyer est très fréquentée par les Haïtiens qui n'ont pas de travail. Ils échangent sur la politique ou la vie quotidienne autour des bancs de cet espace populaire. C'est un lieu de rencontre où, là aussi, de petits négoces proposent toutes sortes de rafraichissements et de nourriture préparée sur place. Beaucoup mangent ici midi et soir des œufs et des sandwichs cuisinés, conçus sans aucune règle d'hygiène, dans cette ambiance bruyante mais chaleureuse.

En arrivant à Pétion-Ville, on est passé devant Jalousie, un bidonville entièrement repeint aux couleurs de l'arc-en-ciel, sur le modèle des favelas du Brésil. La misère en couleurs.

Emmelie nous explique que « *Jalousie est un très grand bidonville qui ceinture Pétion-Ville. En Haïti, il n'y a pas de ville ou de quartier résidentiel sans bidonville autour. Et comme on est de plus en plus pauvre, la pauvreté se voit partout ! Mais c'est ici, à Pétion-Ville, qu'il y a des restaurants de qualité qui ouvrent tard et qui proposent aux jeunes qui en ont les moyens de faire la fête en boite ou de manger dans ces établissements privilégiés.* »

Haïti est un pays vulnérable, confronté aux menaces multiples. Climatique, avec des pluies intenses qui arrivent de la montagne et déchargent des déchets et des plastiques qui envahissent la côte, mais aussi politique, dans un combat permanent. « *Port-au-Prince est une ville qui étouffe !* » nous raconte Emmelie Prophète. « *Et pourtant, la mer est partout. N'oublions pas que c'est une île, mais l'eau est polluée. Ici, on ne va pas à la mer, on ne la regarde pas. C'est une poubelle qui fait fuir et qui fait détourner les regards.* »

Des enfants jouent au football et au basket sur un terrain entretenu. C'est l'avenir du pays qui est face à nous. Des étudiants s'approchent et nous racontent qu'ils veulent terminer leurs études avant tout. Cependant, comme pour illustrer les paroles d'Emmelie, qu'ils n'ont pas entendues, ils envisagent ensuite de partir à l'étranger. Avec politesse et application dans leurs propos, ils expliquent qu'ils aimeraient ne pas partir pour pouvoir servir le pays. Mais l'inquiétude est grande. Sur leur visage, on lit leur incertitude face à un avenir proche, bien trop proche pour s'y préparer sereinement. Ici, tout bouge et tout peut bouger à tout moment.

*

En quittant Haïti par avion, direction la Guadeloupe pour une escale, on découvre la côte lors du décollage. C'est un bord de mer comme on n'en voit pas dans les Caraïbes. Une eau saumâtre s'étale sur des centaines de mètres, et, en guise de plage, des monticules de déchets et de plastiques déchargés ou échoués occupent un sable recouvert et invisible. On n'arrive pas à y croire tant l'eau aux dégradés de bleu saute aux yeux depuis le ciel dégagé. Partout, la mer des Caraïbes offre un décor de rêve, une image de carte postale, sauf sur la côte haïtienne. La nature est saccagée, elle étouffe, comme la ville de Port-au-Prince. La survie d'abord dans la résistance et la résilience, mais la nature anéantie quand même. Rien ne subsiste dans la mer vue du ciel, pourtant, cette mare d'eau brune s'estompe quelques kilomètres plus loin, et elle redevient d'un bleu intense avec ces cercles turquoise qui dessinent la topographie des fonds marins. La mer prend le dessus, la nature laisse Haïti à sa condition de pays « moins avancé » que les autres.

Pays meurtri, pays délaissé par la communauté internationale qui n'a pas su gérer l'après-séisme et le formidable élan de solidarité dénaturé par la politique locale, pays sacrifié face à son voisin moderne couvert de paillettes pour le tourisme de masse, pays massacré par les gangs, pays en souffrance, pays que l'on voudrait nettoyer et assainir de ses handicaps sociaux et sociétaux, pays pourtant rêvé par des écrivains et des artistes de grand talent, habité par des hommes et des femmes cultivés, volontaires et courageux.

J'ai tenté maintes fois de me mettre à leur place, de comprendre comment on peut accepter d'avoir des vigiles lourdement armés à l'entrée des hôtels pour les Occidentaux, de m'imaginer dans l'un de ces bidonvilles, à la merci des gangs sauvages qui sévissent sans foi ni loi, j'ai essayé de saisir ce qui pouvait les tenir, les maintenir en vie.

Cette résistance des Haïtiens empêtrés dans la violence, je ne l'ai pas connue ailleurs. Elle me fait pourtant penser au Brésil, dans une autre configuration. J'y ai vécu, il y a longtemps, toute une journée et une soirée entière dans une favela de Porto Alegre, avec des enfants pleins de vie qui m'avaient fait visiter leurs terrains de jeu dans la terre, me faisant pénétrer dans leurs abris sommaires, avec une sorte de fierté émouvante aux larmes. Des adolescents sportifs et solides m'avaient fait une démonstration époustouflante de capoeira avec l'envie du partage et de l'initiation. Je m'étais senti l'un des leurs à la fin de la soirée. Ils m'avaient intégré. Le départ avait été douloureux, chargé d'émotion, empreint de cette envie de revenir.

Ai-je eu cette envie de retour à Port-au-Prince ?...

Bruxelles – Belgique

La légèreté

Le ciel se couvre de gris au fur et à mesure que l'on approche de Bruxelles. Après un paysage de champs dans un décor rural, le train file vers la capitale de l'Europe à grande vitesse. Les lignes sont droites et inspirent la hâte. On est pressé d'arriver, la machine rouge lie-de-vin et les voyageurs sont en attente et perçoivent ce voyage comme un saut de puce ou un vol d'oiseau. Bruxelles est proche de Paris, d'Amsterdam, de Cologne et même de Londres, elle est au centre des cultures européennes. Royale, imposante, foutraque, c'est une ville qui conserve une âme. Il y a de la poésie dans Bruxelles, dans les couleurs de la ville aux teintes souvent sombres, chez ses habitants, dans son architecture, avec sa composition urbaine en patchwork exacerbé, et dans son esprit léger malgré les contradictions sociales et politiques.

De la poésie, oui, et de l'humour ! La force de cette métropole réside dans sa capacité à ne pas se prendre au sérieux tout en conservant des valeurs corps et âme.

Ici, on ne transige pas avec les idées d'exclusion ou de rejet. On s'étripe en politique mais dans les limites de l'acceptable. Un « cordon sanitaire » y a même été instauré dans la classe politique et les médias pour écarter et boycotter les idées d'extrême droite. Certes, il est controversé, outrepassé et sans cesse commenté, mais il reste dans la mémoire commune. On n'arrive pas toujours à nommer un Premier ministre dans le consensus ; on peut rester sans gouvernement durant plusieurs mois. On écoute certains ministres justifier leurs dérapages lors de soirées arrosées. On laisse un hôtel mythique, le Métropole, mourir à petit feu et fermer alors que les plus grands de ce monde l'ont fréquenté, marquant de grandes périodes de l'Histoire. On s'emploie à créer des dizaines de sauces pour accompagner des frites. On laisse un patrimoine national s'enclaver dans la dictature économique imposée par les héritiers d'Hergé. On vit comme ça, en Belgique, dans le paradoxe. Et on survit car rien n'est grave. On en rit souvent, on s'en amuse toujours, même si on est irrité. On désacralise et on s'allège !

Ils sont fous, ces Belges ! Mais ils contribuent activement à la poésie que l'on peut éprouver dans ce monde.

L'attentat du 22 mars 2016 a été un choc pour toute l'Europe. Pourtant, plus encore qu'en France, le peuple s'est redressé dans une vivacité étonnante sur-le-champ. On imagine les victimes vivre cet instant ignoble commis par ces minables barbares. On les imagine incrédules, ne comprenant pas comment un acte pareil a pu se produire. Rien ne préparait les Belges à vivre l'atrocité dans ce pays éclectique et fantasque, qui compose avec toutes ses communautés, qui brasse toutes les cultures et tous les cultes par sa position géographique, avec son rôle central qui détermine la voix de l'Europe, et surtout, avec une certaine insouciance.

Bruxelles, je t'aime ! Des artistes l'ont chantée de façon directe ou détournée, des auteurs l'ont écrite avec leurs mots, avec leur inspiration teintée d'une poésie légère et accessible.

Un voyage express passe par une visite de la Grand-Place et ses alentours avec le Manneken-Pis, ses gaufres gargantuesques, la galerie royale et sa monumentale voute de verre chargée de dorures du sol au plafond, par la place de la Bourse et le fameux Cirio, un estaminet classé qui sert les grandes bières belges. Un trajet en métro vers la Commission européenne offre une double réjouissance : celle de voir de près ces bâtiments imposants tout-puissants, et celle de se rendre à pied, à quelques centaines de mètres en empruntant une rue qui descend, vers la place Jourdan et l'institution culinaire incarnée par la Maison Antoine qui sert LA frite belge. Voir un enfant ou un adolescent s'émerveiller face à ces frites est un moment de joie intense qui revêt là encore une part de poésie ingénue.

Mais pour connaitre un peu Bruxelles, il faut la vivre de l'intérieur, de jour comme de nuit. L'écrivain Grégoire Polet est l'auteur d'une dizaine de romans, dont *Madrid ne dort pas*, le merveilleux *Chucho*, sur les enfants des rues de Barcelone, et le *Petit éloge de la Belgique*, qui décrypte avec originalité sa passion pour son pays. Grégoire est un homme chaleureux, sa bonhomie est réjouissante, réconfortante. Son charisme et son physique jovial donnent immédiatement envie de partir en balade avec lui et de trouver un lieu pour boire une gueuze ou une trappiste. C'est simple et facile avec lui. Son intelligence et son esprit analytique donnent à chaque rencontre un supplément de grâce.

Sur la place du Jeu-de-Balle, l'un des cœurs de la ville, on se sent pleinement à Bruxelles.

« Il n'y a rien qui ressemble à ça, c'est un lieu secret pour moi », raconte Grégoire. *« C'est curieux, on a l'impression que dans la ville, il y a un terroir. C'est contradictoire, terroir et ville, mais ici, on est dans le terroir de Bruxelles ! Ça se mange, ça se boit, ça se sent, ça se vit, ça fait du bruit, c'est sale, c'est désordonné, les pavés sont énormes, certains sont déchaussés. C'est un désordre indescriptible. Vers quatorze heures, quand le marché remballe, il y a des montagnes de tas de choses. Pour un photographe, c'est un petit résumé du monde, c'est un lieu très intéressant. On est vraiment dans le cœur du vrai Bruxelles, un cœur abimé, un cœur blessé, et en face de nous, il y a un collège d'époque intact. Quand je reviens à Bruxelles, je veux retrouver ça ! »*

C'est sur cette place que débute l'aventure de Tintin *Le Secret de La Licorne*, c'est parmi ces marchands que le héros d'Hergé trouve la maquette de *La Licorne* et que l'histoire commence. Pour se rendre compte de l'ambiance du lieu, il suffit de relire ces pages de la BD. Rien n'a vraiment changé. Le rectangle de ce marché, avec les brocanteurs, les bars et restaurants qui le bordent autour, est encore là. Il y a ce foisonnement, cette ébullition et cette ambiance cosmopolite, bigarrée et simple. On peut trouver tout et tout le monde ici.

« *La ville, c'est un endroit où il faut se perdre. On retrouve en nous le temps perdu. C'est uniquement quand on se perd et dans le temps perdu que l'on retrouve de la rêverie et de la distance avec le monde. Il y a toujours un endroit pour s'égarer et donc pour demeurer* », déclare Grégoire, les yeux plissés et rêveurs.

S'égarer, chercher le détail et l'inattendu. Derrière la Bourse, aux abords de la Grand-Place, se niche une impasse très étroite et lugubre. Cela résonne un peu, et, au bout se trouve une porte à l'image d'une entrée dérobée dans un château. C'est onirique, on est dans une autre réalité. Il faut connaitre pour s'y aventurer tant le lieu est improbable. Au Bon vieux temps, on sert des bières dans une ambiance qui n'a rien à voir avec le décor du pas de porte. Ici encore, on s'amuse, on rit, on échange avec le sourire. La dramaturgie du lieu, ses aspects royaux sont déconstruits par la vie à l'intérieur. Une vie de convivialité, de détente et de fête à certaines tables. On ne s'encombre pas de l'histoire des murs et du poids du passé. À Bruxelles, on retrouve de la légèreté et de l'humour à chaque coin de table !

Ville des paradoxes, Bruxelles abrite la Commission européenne et le siège du Conseil européen, un endroit presque dissonant avec le reste de la cité, très sécurisé, où il faut des accréditations aux protocoles drastiques pour entrer. Une fois à l'intérieur, le décor en impose. Au centre, un grand espace multimédia accueille la presse du monde entier. Un immense plateau est à la disposition des émissions de radio et de télé avec des écrans partout. Des projecteurs puissants entourent un petit hémicycle, et le drapeau bleu étoilé omniprésent jalonne tous les espaces. Rien de léger ici, pourtant, il y a les influences de l'esprit belge.

Passer les contrôles et le pôle des accréditations se fait dans la rigueur, mais avec le sourire et quelques blagues. Et une fois dans le site avec nos badges, on peut déambuler comme bon nous semble, dans une liberté quasi totale. En prenant un petit escalier de service, étonnamment libre d'accès, rudimentaire et étroit, avec des murs gris et des tubes en aluminium qui servent de rampe, on arrive à l'entrée de l'hémicycle du Parlement. Grandiose, majestueux, avec tous les pupitres pour les parlementaires, on se croirait dans un film de science-fiction. Les scénaristes de *Star Trek* et de *Star Wars* pourraient y tourner les scènes politiques de leurs films.

Bruxelles regorge de quartiers aussi différents les uns que les autres, son étendue marque le voyageur et lui fait vivre des ambiances disparates. Avec le métro et le tramway, ou la marche pour les plus courageux, on découvre des lieux divers. Les bâtiments royaux et les tours vitrées se fréquentent et se tolèrent, les quartiers populaires jouxtent des endroits touristiques, le centre s'ouvre vers des rues et des ruelles dépareillées, les espaces commerciaux se couvrent de monde le week-end, mais restent relativement calmes les jours de la semaine. On dit que les Bruxellois reprennent possession de leur ville une fois que les industriels et les parlementaires l'ont quittée. La capitale de l'Europe vit à deux vitesses. Les samedis et dimanches, les grands hôtels se vident et bradent leurs chambres. Les symboles de la ville sont envahis par des flâneurs avides de découvertes. Il y a deux vies à Bruxelles, celle de la semaine, en costume cravate, et celle du week-end, en jean et t-shirt.

La légèreté s'impose même dans des lieux « interdits » et des endroits qui ont été salis par l'actualité. Molenbeek fait partie de ceux-là. Décrit comme une plaque tournante du terrorisme islamiste à la suite des événements barbares passés, le quartier est pourtant un lieu de vie agréable, vivant et même esthétique. Le canal de Bruxelles coupe la ville en deux et longe le quartier de Molenbeek.

Fouad Laroui est un célèbre écrivain, auteur de plus de trente livres, qui vit et a vécu entre le Maroc, les Pays-Bas et la Belgique. Ses romans sont publiés chez Julliard et Mialet-Barrault. Dans son livre *L'Insoumise de la porte de Flandre*, il met en lumière la vie à Molenbeek et en centre-ville, de l'autre côté du canal.

Fouad Laroui décrit l'espace qui nous entoure. *« Ici, il y a une forte population d'origine immigrée et en particulier d'origine marocaine. Ce quartier est tristement célèbre, mais il y a des choses incroyables à découvrir. Au bord de ce canal, il y a un lieu nommé "Le chien du chien", avec une façade colorée de vert. On ne sait pas ce que cela veut dire. Le surréalisme est né ici, en Belgique, et c'est très naturel de voir de drôles de noms et des endroits bizarres. C'est presque un art de vivre !* »

Quand on passe le pont, on est dans le Bruxelles branché et historique. Le long du canal, on entend de petites éoliennes de toutes les couleurs qui grincent, fixées à des lampadaires. C'est très moderne, avec des immeubles récents ; on est loin de l'image de Molenbeek que l'on se fait à travers le monde.

« *Dans cette rue perpendiculaire à ce canal quand nous entrons dans le quartier, on voit des femmes voilées, et il y a des cafés et des magasins spécialisés fréquentés par les Maghrébins de la ville. Dans mon livre, Fatima se sent cernée par le regard des autres, elle ne peut pas se promener en jupe ici et elle constate que de l'autre côté, elle peut se dévêtir. Elle a compris qu'il y a toujours une double injonction des hommes. Soit elle est complètement vêtue, soit elle se dévêt dans des lieux dédiés et elle lutte contre ceux qui veulent l'emmurer. Il y a une pudeur exacerbée ici, mais dans Bruxelles, il y a 220 statues de femmes nues. Je les ai comptées !* » raconte Fouad Laroui, qui analyse la confrontation de la communauté musulmane aux contradictions de la ville et de ses quartiers.

Son personnage recherche la liberté et la légèreté face aux fondamentalistes.

« *C'est faire trop d'honneur de les nommer terroristes et de croire qu'ils ont une analyse du monde comme s'ils avaient une conception universelle de la civilisation. La plupart sont des paumés, et ceux qui venaient de Molenbeek étaient juste de petits criminels !* » ajoute Fouad.

Molenbeek n'est pas, comme on pourrait le croire, un quartier-dortoir délabré. Au détour d'une rue, on tombe sur une vaste place rénovée avec des bâtiments anciens en parfait état. On s'y sent bien, et les commerces alentour invitent au dépaysement, dévoilant une autre facette de Bruxelles.

Au moment où l'on quitte Fouad Laroui, sur le chemin qui nous mène vers le centre-ville, nous sommes saisis par l'omniprésence du monde de la BD à Bruxelles.

La capitale de la bande dessinée fait briller les œuvres des plus grands dessinateurs. Le musée de la

BD, le musée Hergé à Ottignies-Louvain-la-Neuve, le siège des Éditions Dupuis – maison de Spirou – à Charleroi, tous ces lieux contribuent à faire vivre les célèbres personnages qui sont imprimés dans l'âme de notre enfance. Ils vivent et rayonnent dans les rues et sur les façades des bâtiments. Tous sont en mouvement et se cachent dans des recoins et des immeubles de verre. Ils habitent Bruxelles et ses alentours, ils se font sentir, se jouent de nos souvenirs, ils nous replongent dans la légèreté de l'adolescence.

Dans une boutique à quelques encablures de la Grand-Place, la fusée grand format à damier rouge et blanc de Tintin est exposée dans une vitrine. Ses couleurs éclatent et s'opposent aux bâtiments gris ouvragés du quartier, dans une confrontation des époques.

Mais c'est à Marcinelle, au siège de Dupuis, la demeure de Spirou, du Marsupilami, de Gaston et de tous les autres, que le grand trésor est le mieux caché. Dans les archives, des rayonnages gris occupent une immense salle en sous-sol, inaccessible au public. Tout le matériel de production pour pouvoir rééditer les albums de BD de Dupuis est là, à portée de vue et de main ! Un archiviste surveille de près notre déambulation et nos gestes dans les allées très sécurisées. Des boites blanches renferment les films avec les dessins originaux des auteurs. Les albums des grandes séries sont aussi là et occupent tous les coins, tous les interstices de cette caverne-bibliothèque.

Willy Lambil, dessinateur des *Tuniques bleues*, y pénètre avec nous pour la première fois ! En voyant la soixantaine d'albums de ses fameux soldats américains devant lui sur ces étagères, il laisse échapper un émerveillement pudique.

Les Tuniques bleues sont l'un des plus grands succès de la BD franco-belge, un monument qui a fasciné plusieurs générations, dans *Le Journal de Spirou* et en albums, chacun étant un succès en librairie rarement égalé.

« *J'ai commencé ce métier avec mon meilleur ami, dans ce bâtiment de Marcinelle. Louis Salvérius crée avec Cauvin* Les Tuniques bleues *en 1968, mais il meurt en 1972, et j'ai pris la relève. J'ai été surpris quand on m'a demandé, mais j'ai dit "je vais essayer". Je ne me suis jamais considéré comme un bon scénariste, donc j'étais content d'avoir Raoul Cauvin, qui me guidait et qui m'obligeait à faire des choses que je n'aurais pas faites moi-même.* »

Cauvin et Lambil, enfants terribles, se chamaillaient souvent. « *Mais c'était un peu du bidon ! C'est ça qui faisait notre charme ! En fait, je n'ai jamais vraiment su si c'était bidon ou pas* », s'amuse Willy Lambil avec l'esprit d'un gamin qui le caractérise malgré son grand âge.

Des histoires comme celle-ci, la maison Dupuis en regorge. L'histoire de la famille de la BD belge est un roman. Les auteurs appliquent avec soin la dérision entre eux, avec eux-mêmes, avec leurs personnages. Tous sont accessibles et entiers, comme s'ils ne réalisaient pas ce qu'ils représentent et le succès commercial gigantesque qu'ils génèrent. En Belgique, l'humour, c'est la poésie populaire, c'est un art de vivre qui s'est probablement accentué grâce aux talents de la bande dessinée qui ont éduqué à distance les gamins de chaque époque.

*

Regarder la frénésie de Bruxelles est une consolation. Il existe des villes accessibles et conviviales qui nous donnent envie de revenir, le cœur léger, avec la certitude de ne pas se tromper, sans la crainte de la mauvaise surprise ou du séjour gâché par des illusions contrariées. Il n'y a rien de merveilleux, mais il y a de l'enchantement. Faire visiter ce lieu à mon jeune filleul adoré lors d'un été m'avait rempli de cette légèreté toujours retrouvée et jamais oubliée. Je conserve en moi les étincelles dans ses yeux et son sourire malicieux devant les irrésistibles frites et gaufres belges.

Les vastes espaces donnent de l'air à la métropole. Même sur cette Grand-Place envahie par une horde de touristes, elle aussi avide de frites, il y a cet air qui nous donne toute latitude pour nous alléger l'esprit l'espace de quelques instants.

Je me souviens lors d'un vol Stockholm-Paris avoir vu la célèbre place bruxelloise depuis le hublot de l'avion. C'était de nuit, les lumières de la ville semblaient l'entourer comme un écrin. Le voyage avait été agité par des turbulences et une enfant dissipée à côté de moi. Nous venions de fêter la nouvelle année. Ce séjour m'avait transi de froid, mais je rentrais réchauffé de l'intérieur. J'avais connu une sensation unique qui est restée en moi. Outre la compagnie d'un être aimé, membre excentrique de ma famille qui a accompagné une grande partie de ma vie et qui entrainait occasionnellement des chevaux de course en Suède, le contact brut avec cette nature m'avait régénéré.

J'avais essayé un sauna dans une cabane construite dans une clairière à proximité d'un centre équestre. Les chevaux de course en pension et la forêt couverte de neige étaient en symbiose. Une vie rude pour les humains comme pour les animaux prodiges. Il fallait couper du bois pour alimenter la chaudière qui allait cuire nos corps nus dans la soirée. Le soleil se couchant vers quinze heures, je devais vite m'exécuter par moins dix degrés.

Le soir venu, nous voici tous les deux dans l'intimité de la cabane, dans une vapeur étouffante. La tradition, ou le jeu, c'est selon, est de sortir de ce sauna en bois, passer par le sas qui sert de vestiaire et ouvrir la porte pour aller pieds nus et sans aucun vêtement marcher dans la neige à une température déraisonnable bien plus basse encore que celle de la journée et de ces instants dans la peau d'un bucheron amateur. Dire que l'hésitation me collait à la peau est une évidence. Plus que l'hésitation, c'est l'appréhension de se trouver entièrement contracté, figé par le froid qui occupait mon esprit. Je m'imaginais comme une feuille de salade froissée et givrée par un congélateur. C'est tout l'inverse qui s'est produit. Une fois à l'air libre, une fumée s'est dégagée de toute ma silhouette. J'ai alors ressenti chaque partie de mon corps pleinement, comme jamais je ne l'aurais imaginé, dans une décontraction totale et une libération stimulante. Ma peau et mes membres se détendaient d'une façon magique. J'étais vivant et je savais de quoi j'étais composé physiquement, intimement. J'avais touché à la légèreté absolue. Après cette minute de flottement et de grâce – le corps commençant à se refroidir n'autorisant pas de poursuivre l'expérience dans les mêmes conditions – je me suis réfugié dans la vapeur chaude qui se déposait en particules brillantes sur moi.

Dans cet avion au-dessus de Bruxelles, cette légèreté était chevillée au corps. Je pense à ce moment chaque fois que je me retrouve sur la Grand-Place en regardant vers le ciel.

Bruxelles me renvoie à l'un de mes plus beaux souvenirs dans la mélancolie du temps passé et des âmes perdues.

Montréal – Canada

La nature

Montréal et nature semblent antagonistes. Pourtant, dans cette métropole gigantesque, urbaine et effervescente, la nature a conservé une place. En arrivant en novembre, lors des premières neiges, c'est même par celle-ci que l'on prend contact avec la ville. La morsure du froid et les premiers flocons de l'hiver qui s'immiscent dans nos cols, le sol glissant couvert d'une fine pellicule de neige devenue verglas annoncent qu'ici, il faut vivre avec les éléments et en fonction des saisons. Ce ne sont pas les humains qui dominent les saisons avec leurs artifices, vêtements et autres objets de protection, mais bien elles qui imposent des lois naturelles auxquelles il faut se plier, ou face auxquelles il faut savoir se replier. La ville souterraine est un dédale qui prouve que les

Québécois se sont adaptés, laissant la nature faire son œuvre en surface.

Montréal a su préserver des espaces naturels, partout dans la ville. Les parcs et jardins sont nombreux. On a construit des quartiers et lotissements autour. La feuille d'érable, que l'on croise en tous lieux, en toutes circonstances, est le symbole reconnu, brandi par tous les Canadiens.

La population de la ville est aussi composée d'Innus, venus, certes, par contrainte en raison de leur dramatique histoire. Ils portent en eux la force et les valeurs de la nature. L'écrivain et journaliste Michel Jean, auteur notamment du livre à succès *Kukum* et de *Tiohtiá:ke*, raconte la terrible histoire de ce peuple dans une verve littéraire éblouissante.

On le rejoint dans un parc de Montréal-Ouest, entouré de buildings qui bordent le haut de la célèbre rue Sainte-Catherine, près de Atwater. Ce square, que l'on remarque à peine, abrite une histoire toute particulière. Le lieu est spartiate, isolé entre la modernité des tours des sociétés aux capitaux suréminents et la vie commerçante de Sainte-Catherine, pivot de la consommation de Montréal.

Des allées goudronnées et des arbres résistants à la pollution urbaine se dressent devant nous. Quelques écureuils cependant gambadent et grimpent avec fierté sur les troncs environnants. Ils sont curieux, ces écureuils de Montréal. Dans tous les parcs, ils s'approchent, nous regardent, la queue bien fournie, dressée en l'air. Innocents mais malins, ils observent la vie humaine et quémandent même quelques fragments de pain ou de biscuits. Les écureuils du square Cabot vivent aux côtés des démunis. Dans ce parc, une association héberge sous des tentes blanches les sans-abris innus. C'est ici qu'ils peuvent se réchauffer et chercher un peu de réconfort.

« Quand a été créée Montréal, les autochtones avaient quitté l'île. Ils se déplaçaient. Il n'y a pas un seul Innu qui pense qu'on n'est pas sur un territoire autochtone, ici, à Montréal. La plupart appellent même la ville Tiohtiá:ke, *en langue innue. Ceux qui y vivent se retrouvent en groupe pour récréer une communauté »*, raconte Michel Jean.

Souvent, ils ont été bannis de leur territoire en raison d'une faute commise. Pire que la prison, ils se retrouvent désemparés, sans repères, réfugiés à Montréal et en règle générale, à la rue !

« Un jour, je suis passé ici en plein hiver, et un Innu avait construit un igloo ! Je suis allé le voir pour comprendre. Il m'a expliqué qu'il y fait plus chaud. C'est son père qui lui avait appris à façonner des igloos en cas de besoin. On se dit alors qu'il y a un problème car les Innus vivent à l'origine en contact avec la nature, ils ont des réflexes liés à ce mode de vie. »

Ces autochtones deviennent dans la ville ce que l'on appelle au Québec « des itinérants » parmi les marginaux. Ils sont livrés à eux-mêmes et manquent de tous les services essentiels comme l'eau et les sanitaires. Certains meurent de froid dans la rue, isolés, esseulés. On en croise parfois sur le macadam contre un immeuble ou blottis contre une entrée de magasin la nuit, emmitouflés dans une simple couette alors que la température affiche moins dix degrés. Difficile de ne pas sentir coupable lorsque l'on passe devant eux, enfoui dans une parka hors de prix, mais indispensable pour tout Québécois et tout voyageur qui affronte le froid glaçant hivernal de la ville.

Loin de leurs territoires et de leur contact avec la nature, il leur reste les parcs et jardins, bien trop étroits, bien trop restreints, ou les hauteurs de la ville pour leur besoin de voir l'horizon et de vivre en communion avec les éléments naturels.

Montréal est vaste et possède des enclaves improbables au cœur de quartiers réhabilités, rénovés, sans cesse en travaux. La ville est en perpétuelle mutation mais conserve des lieux historiques, des monuments qui marquent par leur architecture. C'est l'histoire d'une ville récente qui a édifié des bâtisses et des lieux de culte gigantesques, comme l'oratoire Saint-Joseph, sur le versant nord-ouest du mont Royal.

Inauguré en 1904, la construction de la totalité de cet oratoire s'est terminée en 1967. Le dôme de la basilique est monumental : soixante mètres de hauteur et trente-neuf mètres de diamètre.

Dans les jardins, le pèlerin peut suivre un chemin de croix parsemé de sculptures qui représentent la passion du Christ. Des croyants le parcourent à genoux.

C'est la plus grande église du Canada, deux millions de visiteurs y viennent chaque année. La vue y est époustouflante. La croix est un point culminant de Montréal. On semble dominer la ville et le monde. C'est ici que la poétesse innue Joséphine Bacon nous a donné rendez-vous.

Joséphine garde en elle une histoire douloureuse. Ses poèmes sont publiés par Mémoire d'encrier, une maison d'édition plurielle créée par le poète et écrivain humaniste Rodney Saint-Éloi. Ils reflètent ses racines liées intrinsèquement à la nature canadienne en terres innues. Elle raconte avec pudeur et métaphores les drames et les persécutions envers son peuple, dont elle est, on le suppose, l'une des victimes.

« J'ai choisi ce lieu pour être proche du vent et voir un peu l'horizon. C'est important de voir loin pour rêver. Les aînés innus aiment l'oratoire. Beaucoup ont rêvé d'y venir. Je viens ici pour eux. »

Joséphine Bacon rappelle que ses ancêtres étaient là bien avant la création de la constitution du Canada. Elle a mal au fond d'elle. Mal de voir la mise à l'écart du peuple innu. Mal de voir des Canadiens renier les territoires des autochtones.

Le Canada est l'un des pays au monde les plus vastes avec ses étendues naturelles quasi vierges. La nature à l'état sauvage y est préservée, respectée et honorée par les peuples autochtones.

Ici, à Montréal, Joséphine a toujours ce besoin de pouvoir porter son regard vers l'horizon. Voir les espaces au-delà des bâtiments et de l'urbanisation, c'est vital pour elle.

Elle raconte cela dans le rire. Car le rire permet d'oublier tous les chagrins, dit-elle. « *Pour moi, le rire, c'est de première importance, car quand tu ris, cela donne de l'oxygène à tes dents ! Quand tu ris ou que tu souris, c'est un échange immédiat avec l'autre.* »

Le regard dirigé vers la ligne de l'horizon, Joséphine devient muette, pensive. Des images envahissent son esprit et les souvenirs sont, on l'imagine, dominés par l'envie de vivre et de communier avec la Terre.

Le rire et l'émotion. La musique des Cowboys fringants transmet une énergie folle dans la chaleur ou le froid de Montréal. Chacun de leurs concerts est un événement festif et populaire au Québec. Le groupe porte des messages et des valeurs fortes autour de la culture et de l'histoire du pays. Mais c'est avec les textes autour de l'écologie qu'il fédère le public au-delà de son territoire. Parfois avec humour, entre folk, rock et un soupçon de country, les Cowboys fringants s'inspirent de l'Amérique dans sa globalité, mais avec un engagement francophone. Leurs fans sont aujourd'hui disséminés à travers la francophonie.

Au nord de Montréal, près de la rivière des Prairies, la fondation des Cowboys fringants a reboisé et revégétalisé le parc Jeanne-Sauvé et d'autres sites de l'agglomération de Montréal. Un projet lancé en 2014 a conduit à la plantation de 375 000 arbres pour les 375 ans de Montréal en 2017. « *Quand on plante un arbre, il faut le planter pour l'environnement futur, ce qui inclut le changement climatique et les parasites invasifs. Nous voulons, avec des scientifiques, alerter les citoyens pour essayer d'avoir une stratégie de plantation afin de parvenir à une plus grande résilience* », explique Jérôme Dupras, biologiste, chercheur et bassiste du groupe. Les concerts des Cowboys fringants sont l'occasion de véhiculer ce combat écologiste et de reverser un dollar ou un euro par billet à des associations locales de lutte pour l'environnement.

Le décès du chanteur du groupe Karl Tremblay en novembre 2023 a été un choc pour tous les fans et tous les Canadiens, jusqu'aux hautes sphères politiques, gouvernement inclus, tant cet artiste a partagé les valeurs du Québec. Intègre et convaincu par les causes qu'il portait avec les citoyens engagés de son pays, Karl savait transmettre par sa voix les combats sociaux et environnementaux. Dans les chansons *Ici-bas* et *L'Amérique pleure*, il s'inquiétait de notre monde en déclin. L'époque et ses dérives ont toujours été l'une des grandes préoccupations des titres du groupe : l'humain n'est pas grand-chose face à l'immensité de cette nature que l'on dégrade année après année, et il ne semble pas comprendre que son unique espoir réside dans la protection de la planète et la paix entre les peuples. Cela parait ingénu quand on énonce ces mots, mais c'est la seule et unique vérité que des artistes comme les Cowboys fringants savent mettre en musique afin de réjouir, à défaut de convaincre, ceux qui y croient profondément.

Comment ne pas y croire ?...

« Mais que feront nos enfants quand il ne restera rien que des ruines et la faim ? » chante Karl Tremblay dans *l'Amérique pleure*.

Dans ce parc où Jérôme nous a conviés, l'air remplit délicatement les poumons cet été-là. Tout est vert, d'une couleur végétale éclatante. On y respire bien mieux que dans la ville que nous voyons en face avec ses tours, de l'autre côté de la rivière qui coule en bordure. De grands arbres enracinés dans la terre procurent un peu d'ombre au milieu des pelouses fraiches et bien garnies. Le contraste est stupéfiant entre cet espace de verdure et la ville bétonnée autour. Tout est paisible dans ce lieu préservé. Il y a des pistes cyclables et des bancs et transats de bois sont installés sur une aire de repos où l'on peut poser son vélo dans la quiétude d'une flânerie vivifiante.

Un sentier pédestre au bord de l'eau a pris la place d'une voie automobile. Le résultat parait naturel et redonne au quartier ses allures d'antan, avant l'urbanisation exacerbée qui a grignoté peu à peu les espaces verts et vierges de la ville. Montréal se redonne une couleur, reprend contact avec sa nature.

Le soleil se voile alors de quelques nuages fuyants dans le ciel, les arbres bruissent et signalent que le vent se lève. Nous partons ressourcés vers l'île Bizard, qui se trouve dans la rivière des Prairies.

Le parc nature de l'île Bizard, dans le nord de Montréal, est un parc qui se divise en deux. Un côté s'oriente vers un lac, quand l'autre, avec ses longues passerelles, surplombe de vastes marécages. Christian Guay-Poliquin a écrit *Les Ombres filantes* aux Éditions La Peuplade, un éditeur indépendant très actif dans le monde littéraire québécois. Son troisième roman se déroule en pleine forêt, la forêt refuge, lieu des disparitions et des apparitions. Christian est un jeune auteur, grand et dynamique. Prix France-Québec et prix du Gouverneur général, il est imprégné par la nature. Il nous emmène dans cet espace ambigu, à la fois hostile et protecteur.

Nous sommes en décembre pour cette autre rencontre, il neige, tout est recouvert de blanc. Le bois est silencieux. Rien d'humain autour de nous. Quelques animaux font crépiter la neige et les branches. Souvent invisibles, ils laissent des traces ancrées dans le sol enneigé. De petites pattes bien dessinées marquent de leurs empreintes les étendues blanches.

Le bruit de la neige cotonneuse qui craque accompagne notre balade alors qu'un écureuil vaillant à la fourrure épaisse passe devant nous. *« La forêt implique certaines règles d'hospitalité. Les camps forestiers et les refuges ne sont jamais fermés. Quelqu'un en difficulté pourrait s'y réfugier et trouver son salut grâce à ces espaces spartiates.*

Les codes sociaux de ces vastes étendues hostiles me fascinent tout particulièrement », raconte l'auteur québécois, très prolixe et passionné par l'environnement autour de nous.

On arrive au bord du lac des Deux-Montagnes qui fait partie du fleuve Saint-Laurent et qui dessine une sorte d'immense bassin où l'on vient pêcher et se baigner aux beaux jours. En lisière de forêt, une petite plage gelée s'offre à nos regards émerveillés par un horizon sans fin, camouflé par le brouillard qui fond le paysage et le ciel. Au sol, de petites vagues tentent de s'extirper de la glace et laissent autour d'elles une légère vapeur.

En quittant cette plage, on traverse un étroit cours d'eau à moitié figé. On glisse et on s'enfonce ensuite dans une boue de neige profonde qui pénètre dans nos bottines de cuir. Au loin, des habitations éclairées diffusent la fumée de leurs cheminées dévoilées par une multitude d'arbres nus effeuillés. Les animaux eux aussi sont à découvert pendant cette période hivernale. Ici, pour Christian, la chasse est une normalité. *« Ma famille et mes amis chassent le cerf et le chevreuil. J'aime la chasse et même découper une bête, j'en parle dans mon roman. Il y a ce rapport-là à la vie et à la mort. Je mange de la viande, je suis un carnivore, donc je dois être capable d'assumer le fait de donner la mort et d'être en contact avec elle. Et au lieu d'être quelque chose de traumatisant pour moi, j'y ai trouvé plusieurs émerveillements. Ouvrir une bête, retirer ses organes, cela peut paraitre horrifiant, mais il y a quelque chose de très beau. C'est la mécanique de la vie. En quelques gestes, on transforme un animal en nourriture. L'idée n'est pas de tuer une bête absolument. Ce rapport à la chasse est lié à ce temps-là passé en forêt. Des chasses décevantes, il y en a plein. C'est aussi ça, la chasse. Être confronté à l'inconfort, au froid, au calme et à l'observation de tous les autres animaux, comme une chouette ou un lynx que l'on voit passer. Il y a quelque chose de très profond et de très nourrissant.* » Le fantôme d'Artémis, déesse de la nature sauvage et de la chasse, veille !

Au Canada, on a un rapport singulier à la nature. Des militants pour la cause animale s'insurgent contre la commercialisation des queues de coyotes pour les parkas d'une certaine grande marque emblématique, et contre les pièges dévastateurs des trappeurs motivés par la rentabilité. Mais en même temps, ce rapport primitif à la nature, décrit par Christian Guay-Poliquin, est très fréquent. Source de nourriture et de vie pour les êtres humains, les grands espaces naturels sont un réservoir abondant de ressources. À l'instar des Innus, on prélève ce dont on a besoin, dans le respect et la raison. Beaucoup seront outrés par ce mode de vie, qui est pourtant d'évidence à l'origine de la vie humaine.

*

En quittant l'île Bizard et en laissant les arbres derrière nous, une sensation de vide et de pureté enveloppe mon corps. Ces instants passés au cœur de la forêt enneigée ont fait ressurgir mon expérience en Suède, ce sauna improbable dans la cabane posée dans un bois glacé.

Un jour, l'écrivaine Gabrielle Filteau-Chiba, qui a elle aussi écrit des romans où la nature est à la fois décor et personnage, m'avait incité à enlacer un érable dans un parc naturel du Québec. Passionnée par les arbres anciens, elle m'avait confié planifier ses voyages en fonction des arbres remarquables qu'elle avait envie de visiter.

Un grand érable, solide et majestueux, avait attiré son regard lors de notre rencontre en déambulation dans ce parc. Nous avions alors collé notre visage sur l'écorce aux taches brunes caractéristiques de cet arbre, enlaçant chacun de notre côté son large tronc. J'avoue avoir ressenti un léger sentiment de honte qui s'est dissipé aussitôt le contact établi. Nos voix résonnaient dans la matière, dans le bois d'érable. Notre respiration s'est ralentie malgré le froid et l'humidité de l'écorce, et j'ai eu cette impression de chaleur incandescente en moi. L'arbre dégageait des vibrations subtiles difficiles à décrire. Je n'ai rien dit et j'ai gardé secrète cette envie de renouveler l'expérience à l'abri des regards.

Dany Laferrière, de l'Académie française, écrivain et dessinateur haïtien qui a immigré au Québec en 1976 et qui y vit encore en partie, comprend très bien ce rapport aux arbres. Nous en avions parlé un soir, à proximité de l'Académie française, dans un café parisien, feutré et bruyant, avec ses imbuvables serveurs condescendants. Parler de la nature et des arbres avait adouci cet environnement brusque, et nous avions tous les deux créé notre espace de convivialité dans un lieu quelque peu inhospitalier.

« Il y a ce goût des arbres au Québec. J'ai connu un homme qui travaillait à la mairie de Montréal et qui connaissait chaque arbre de la ville. Il les connaissait personnellement, il savait lesquels étaient malades ! Ce n'était pas seulement un employé mais un amoureux des arbres.

Il y a un compagnonnage entre l'individu et l'arbre. Il y a toujours une prière secrète pour la floraison et pour la végétation au Canada. C'est assez général et émouvant de voir ça. C'est vrai que si on a vécu au Québec, si on a passé les six mois d'hiver, si on a vu le givre recouvrir la ville, il faut avoir beaucoup de foi pour croire que la terre va refleurir et que l'herbe va revenir alors que tout est brûlé par le froid. C'est un pays avec cet espoir fou et cette panique folle qu'un jour tout sera brûlé et que l'herbe sous la glace ne reviendra pas. »

C'est une impression que j'ai éprouvée en arrivant au Canada la première fois, à l'automne. Depuis l'avion, lors de la descente du Boeing, les environs de la ville étaient sombres, de couleur brun auburn par endroits. Toutes les nuances de marron étaient déclinées, et aucun éclat de vert ne perçait dans le paysage vu du ciel. Pourtant, après plus de quinze ans de visites, j'ai observé au cours d'autres saisons des contrastes saisissants et toutes sortes de paysages naturels. Dany Laferrière a connu cela lui aussi. « *C'est un rapport de contraste. Je suis venu de Port-au-Prince, une ville asphaltée, si l'on peut dire, car le peu d'arbres qu'on avait ont été emportés par les cyclones. Quand je suis arrivé à Montréal, en été, j'ai vu de nombreux parcs accessibles de l'endroit où j'habitais dans le Quartier latin. Je me souviens, plus loin, du parc La Fontaine dont parle Michel Tremblay dans ses livres. Je m'imprégnais de la ville en lisant cet auteur. Au-delà de mon minuscule square Saint-Louis que je fréquentais et où s'est déroulé en partie mon roman* Comment faire l'amour avec un nègre sans se fatiguer, *l'un des grands événements de ma vie, que je raconte dans* Chronique de la dérive douce, *a lieu au parc La Fontaine, au milieu de ces arbres.*

J'étais assis sur un banc. Je n'avais plus d'endroit où aller. J'y ai même dormi une nuit, alors que c'était interdit. J'avais quitté l'appartement où je vivais et je n'avais plus de logement. J'ai alors vu passer un Haïtien que je connaissais de Port-au-Prince, il habitait ma rue. Il m'a dit loger tout près en colocation avec des amis que nous avions en commun... C'est un moment qui a été déterminant dans ma vie. Je me souviens très bien, assis sur ce banc et regardant ces arbres, m'être dit que la situation était très difficile, mais que je reviendrais ici un jour sur ce banc en ayant réussi quelque chose. Pourtant, à cette époque précise, il n'y avait pas une seule lueur d'espoir.

Ainsi, quand je pense à la nature dans Montréal, la première image qui me vient, c'est la place de la nature humaine au sein de cette nature-là. Un parc, c'est un lieu de vie et de passage. Le parc La Fontaine l'a été pour moi. »

*

Partir à Montréal, c'est embrasser une ville américaine dans toute son immensité, son urbanisme outrancier, son agitation, son bruit et ses contradictions. C'est aussi un point d'étape ou un point d'entrée quand on souhaite découvrir le Québec et sa nature. Toutefois, je n'ai jamais appréhendé Montréal sans la nature et sans le jeu des éléments imprévisibles autour. Marcher dans la neige épaisse en pleine ville ou sur les toits des hôtels, qui sont parfois étonnamment arborés, glisser en souliers pourtant adaptés sur les pans du mont Royal, jouer avec des écureuils musclés et intrusifs dans le parc

Molson, aller au bord du Saint-Laurent à l'extrémité d'une berge, sous une neige abondante, avec le choc thermique dessinant des nuages de vapeur, respirer avec difficulté, à pied, entre deux quartiers tard le soir par moins huit degrés pour rejoindre un bar ou un restaurant prometteur, observer un arbre vaillant, une nuit, face à une chambre d'hôtel ou regarder le fleuve lisse et trompeur sous le pont Jacques-Cartier : ces instants de vie donnent à la ville une force, une couleur, une odeur. Ils font naitre des sensations corporelles uniques, comme on peut les trouver dans tous les pays nordiques. Entre la vie extrême imposée ici-bas et notre incroyable capacité d'adaptation, nous réalisons dans ces moments-là que rien ne domine mieux le monde que Dame Nature.

Essaouira – Maroc

Le voyage

Préambule

Samedi 9 septembre 2023, lendemain du séisme au Maroc.

C'est un matin de canicule en France, étrange pour la période, avec un souffle chaud qui n'est pas désagréable. Un peu mou, les jambes en coton, flagellant, je me lève pour entamer un week-end d'écriture. Je travaille depuis plusieurs jours, le soir, sur le chapitre de ce livre consacré à Essaouira. Et cela traine en longueur. Je reprends, j'efface, je souffle, je réécris, mais depuis hier soir, la nouvelle version me convient. Il reste un bon tiers à rédiger, mais je me suis endormi dans le soulagement.

La nouvelle de ce tremblement de terre désastreux me parvient par mon téléphone et la succession de dépêches des journaux auxquels je suis abonné. Après un vent de panique et quelques appels à des amis et connaissances du Maroc, mes réflexes de journaliste me reviennent, mais je garde toutefois une part d'émotion.

Essaouira occupe mon esprit depuis deux semaines, mais je pense à Marrakech, à ceux que j'ai rencontrés là-bas. Je pense à leurs sourires dans la médina et sur la place Jemaa el-Fna.

Je suis projeté sur la place, je m'y vois il y a à peine six mois. Je cherche les sourires des vendeurs de jus de fruits qui m'avaient interpellé pour me parler de foot. Je n'ai jamais compris pourquoi deux jeunes tout juste sortis de l'adolescence avaient tenu à parler foot avec moi et rien d'autre. On avait ri ensemble. C'est ce sourire des Marocains que je ne peux pas oublier. Dans quel état est leur visage ce matin, comment vont-ils, arrivent-ils encore à sourire à leur entourage pour les rassurer ou les consoler ? Je les cherche comme si j'y étais.

Ma relation avec le Maroc est multiple. Compliquée. Mon premier voyage à Essaouira via Marrakech et un trajet de deux heures trente en voiture ne m'a pas conquis. C'est tardivement, sur le chemin du retour via Agadir, que j'ai commencé à m'y plaire.

J'ai dû apprendre à aimer le Maroc, que je ne connaissais qu'à travers les écrivains Tahar Ben Jelloun, Leïla Slimani, Abdellatif Laâbi ou Abdellah Taïa. C'est le peuple marocain que j'ai d'abord apprécié. Cette impression de le connaitre depuis toujours, d'avoir même une part de culture commune, alors que rien ne me relie au Maroc par mes racines.

Mais c'est à Marrakech que j'ai vraiment aimé le Maroc. J'ai sillonné la ville, passant des hôtels de grand luxe aux quartiers déshérités, parfois séparés par une simple avenue. J'ai vu les Marocains avec leur courage et leur ténacité pour vivre ou survivre. Et toujours cet accueil bienveillant et ces sourires qui embellissent toute la ville. Ils savent à quel point le tourisme est important pour l'économie du pays, ils savent aussi que le prix d'une seule nuit à La Mamounia ou au Royal Mansour leur permettrait de vivre plusieurs semaines confortablement avec toute leur famille ! Ils ne sont pas dupes mais pas aigris non plus. On lit même sur leur visage une forme de fierté à proposer ce luxe aux touristes et à parler de ces établissements prestigieux qui renferment le meilleur de l'accueil et du confort. Des écrins réservés à une élite. Ce sont ces écrins qui ont le moins souffert lors du séisme, évidemment.

Nous avions marché dans les jardins du Royal Mansour avec Jean-Marie Gustave Le Clézio, émerveillés, évoquant ses liens avec le Maroc par son épouse Jémia et une terrible nouvelle que nous venions d'apprendre : le tremblement de terre meurtrier en Turquie de février 2023 !

À Marrakech, quand on arpente la médina, on emprunte des ruelles étroites. On accède à certains passages par un porche surmonté d'une voute très basse qui frôle notre corps courbé pour éviter de toucher la pierre. Des couloirs en plein air et un alignement de bâtiments d'un ou deux étages, des maisons façonnées au torchis, les habitations se font une place. Elles jouent des coudes. Tout est fragile. On le ressent. La vie comme la pierre peuvent s'effondrer dans un souffle.

Ce matin, j'ai ressenti le tremblement de la ville, le souffle des pans de murs qui tombent, le sol mouvant que l'on croit se dérober, l'instabilité des corps et des pierres. J'ai imaginé l'effarement, les sourires qui s'effacent, l'inconcevable que l'on encaisse sans choix possible, sans issue.

Le souffle de l'air chaud. La joie qui s'éclipse. Le courage qui faiblit.

Sur la place Jemaa el-Fna, ces ados presque adultes et leur passion pour le foot me hantent. Où habitent-ils ? En vendant des jus de fruits ou des biscuits à l'unité, on n'est pas dans une situation sociale qui permette de vivre dans un abri de luxe ni même dans ces logements à l'européenne du quartier Guéliz avec son artère privilégiée, moderne, et tous ses commerces aux marques occidentales. Ici, la majorité de la population vit dans des maisons traditionnelles, construites pour certaines en terre et en pisé.

Le séisme a soufflé des villages entiers autour de Marrakech et de l'épicentre. Dans le Haut Atlas, des familles ont perdu leurs enfants. À Ouirgane, cinq enfants d'une même maison sont morts, ensevelis dans les décombres.

La douleur doit être immense sur place au moment où j'écris ces lignes. Ces enfants et ces ados sont en moi, comme ceux qui ont été tués et blessés par le camion fou sur la promenade des

Anglais à Nice. Le contexte est si différent, mais l'injustice est semblable.

Je cherche un vent d'espoir que je ne trouve pas. Une tempête au centre de la Terre et ses secousses imprévisibles ont emporté des sourires.

À Essaouira, les dégâts sont mineurs. Là-bas, au moins, les sourires reviendront vite, dans le souffle de la vie.

Le voyage

Partir à Essaouira est un voyage prometteur, entre la culture orientale, la proximité occidentale et l'influence du désert empreinte de mysticisme avec la gnaoua. Ce style musical du Maroc est fondé sur la transe et l'hommage aux descendants d'esclaves de l'Afrique subsaharienne. La ville est ainsi envahie par la vie et les sons.

Située au bord de l'océan Atlantique, à deux heures trente de Marrakech, c'est une cité fortifiée qui est caractérisée par des riads à étage, avec parfois trois ou quatre niveaux. Construits en pierres locales de couleurs ocre, jaune, sable et beige, ils sont typiques de la ville d'Essaouira.

C'est en entrant dans la médina, presque hésitant, ne sachant pas par où commencer la déambulation, que l'on découvre peu à peu, ruelle par ruelle, une ambiance unique, à la fois paisible et vibrante. La porte de cette médina, avec son arcade caractéristique, s'ouvre sur un univers hors du temps. À l'entrée, sur les côtés de la rue, des marchands d'art artisanal et de souvenirs. Plus on avance, plus on pénètre dans un monde à la fois agité, apaisé et, surtout, libre. Mais la liberté a des inconvénients. Chacun déambule à son aise, vêtu à minima, pieds nus en sandales ou en tongs, posant au sol toutes sortes d'objets et de produits à vendre. Des poissons pêchés la veille ou le matin côtoient des fruits, mais aussi des objets locaux que vont s'arracher les touristes. Car Essaouira a cela de spécial. Les habitants se mêlent à une foule touristique et ils ne font qu'un dans un joyeux désordre.

Ici, les commerçants se sont donné une ligne de conduite. Contrairement à Marrakech, on ne harangue pas les Occidentaux en visite. On négocie avec discrétion, on invite à entrer dans les échoppes avec politesse, sans forcer, sans insister. C'est la culture d'Essaouira. Le respect et la délicatesse avec les touristes.

Les chats de la médina sont les pachas du lieu. Ils donnent une tonalité douce à l'ambiance des rues. Nonchalants, affalés, posés dans des endroits improbables, sur une fenêtre en équilibre, sur un pas de porte ou même au milieu d'une ruelle, ils règnent en maitres, sans crainte, sans affolement et, surtout, sans gêne. Dans des positions parfois étranges, ils semblent repus et en totale confiance. Pattes écartées, ventre dodu apparent, alanguis, tordus, la tête en arrière, les pattes avant calées sur un muret, la queue en l'air, le chat marocain se contorsionne comme nulle part ailleurs !

En haut d'une boutique, au premier étage, un matou posé sur un rebord de fenêtre nous regarde passer. Blanc-gris, sali par la poussière et le sable, avec une tête ébouriffée qui lui donne l'allure d'un lionceau, il scrute la rue, penchant son corps vers nous. Massif, aux poils longs, il semble le gardien de son territoire. C'est un chat peu soigneux, peu soigné, mais intense dans son regard et son allure. Il ne se préoccupe pas de son apparence. Il est là. Imposant sa présence, on l'imagine libre mais attaché à cette boutique en contrebas. Il se sait en sécurité, sans danger, avec de la nourriture potentielle le soir, à la fermeture du magasin. Le propriétaire y vend des savons et de l'huile d'argan. En passant devant, on respire les effluves de ces produits de luxe vendus à des prix défiant toute concurrence ailleurs. Le chat sait-il que cette oasis de parfum et de propreté est à sa portée ?

La médina, classée au Patrimoine mondial de l'UNESCO, peut compter sur ses félins pour veiller à sa tranquillité et à la conservation d'une tradition orientale, fondée sur la vie simple et les plaisirs du quotidien dans le dénuement, malgré les difficultés sociales, malgré les contraintes politiques.

Un peu plus loin, en arpentant la médina, on arrive sur un marché qui s'active de jour comme de nuit. Sur une rue plus large, un cours composé de vendeurs, on retrouve au sol des petits poissons et des poulpes entreposés en vrac sur une natte, des légumes entremêlés, de la petite maroquinerie, des objets en bois. On slalome entre les étals. C'est dense et sale. Le visiteur étranger se demandera comment sont conservés les produits alimentaires, dans quel état sanitaire ils sont. C'est une vision improbable pour l'Occidental, conditionné par ses idées aseptisées, éduqué par une société fondée sur le fameux principe de précaution. Mais ici, on vit comme ça, on mange avec ce que l'on a à disposition. La constitution physique et la résistance aux bactéries ne sont pas les mêmes. Il faut s'efforcer de ne pas juger, de ne pas rester sur son conditionnement et ses capacités de tolérance alimentaire.

Essaouira vit intensément en veillant à l'accueil de l'étranger, mais en restant fidèle à elle-même, à ses conditions de vie que l'on ne dissimule pas, que l'on ne cache pas.

C'est au bout d'une de ces rues que nous rencontrons l'écrivain et artiste Mahi Binebine. C'est un personnage atypique, comme les chats de la médina, qui jongle avec les traditions, ses envies, sa culture et celle des autres. Mahi semble s'adapter à toutes les situations. Son rire prononcé et régulier nous met à l'aise. Il paraît sortir d'une bande dessinée tant ses comportements et son phrasé sont affirmés et enjoués. Son accueil est chaleureux, toujours. Son physique, un peu enrobé mais tonique, est rassurant. Il accepte tout ce qu'on lui propose dans un effort naturel. Mahi Binebine est un grand artiste au talent époustouflant. Ses personnages sculptés monumentaux et ses visages et masques travaillés dans la matière ou gravés sur la toile témoignent de la fragilité de nos êtres et d'une humanité entravée, mais résistante à tous les obstacles et les contraintes. Il nous incite à réfléchir à notre condition par une créativité hors du commun.

Quant à ses romans, ils racontent pour certains ses liens avec le royaume, notamment dans *Le Fou du roi*. À la fois lucide, opposé à certaines pratiques, et en même temps loyal, il se place au-dessus des conventions, mais évolue avec les principes du pays. Le roi possède dans sa vaste collection d'art certaines de ses œuvres. La famille Binebine est riche, influente, et parait pleine de paradoxes. Certains ont vécu le bagne et les punitions du roi par le passé. Mahi s'est donné une mission : valoriser l'art et la littérature tout en aidant les jeunes de son pays pour les écarter des tentations destructrices. « *La seule façon de sauver ce pays, c'est d'éduquer les gamins pour les éloigner du fondamentalisme. On leur dit que ce n'est pas bien, mais on ne leur propose rien en face, alors moi, je lance des initiatives et des projets avec des lieux de culture et des artistes. J'essaye de sauver les autres avec ce qui m'a sauvé moi-même, car la culture a été salutaire pour moi.* »

C'est avec Mahi Binebine que nous allons découvrir un lieu incroyable. Au cœur de la médina, la Scala est emblématique. C'est un voyage qui remonte le temps ! Les fortifications de la ville protégeaient Essaouira, à l'image de Saint-Malo. L'architecte, mathématicien et géomètre Théodore Cornut, disciple de Vauban, s'inspire de la ville française pour créer le plan en quadrilatère d'Essaouira, à la demande du sultan alaouite Sidi Mohammed ben Abdallah qui veut créer une ville portuaire sur l'ancien comptoir portugais de Mogador. Avec ces remparts, appelés encore aujourd'hui « le Saint-Malo marocain », l'architecte dessine une autre ville qui sera nommée *Es Saouira* qui signifie « la bien dessinée » ! La Scala est le pivot central de cette architecture élaborée.

On passe sous un porche qui fait office de porte d'entrée et on se retrouve dans le décor du film *Othello* d'Orson Welles, venu presque par hasard à Essaouira. En 1947, il suit une comtesse italienne qui l'emmène en voyage à Marrakech, une ville qu'il n'aime pas. Alors, il débarque à Essaouira sur les conseils de ses relations et tombe amoureux de cet endroit.

En avançant sur les fortifications, de part et d'autre, on voit la mer, avec des ilots, des rochers et des dunes autour. Orson Welles décide de tourner des séquences de son film dans ce lieu. Mahi Binebine raconte cette incroyable histoire qui marquera le cinéma mondial.

« *Orson Welles devait tourner* Othello *à Chypre, mais il trouve ici des ressemblances. Alors qu'il est lâché par sa production hollywoodienne, il va tourner ici sans un sou pendant trois ans. Toute la ville va le soutenir. Les ferrailleurs vont même créer les costumes et les armures avec des boites de sardines. Il commence son tournage avec trois fois rien. Ce tournage, qui devait durer quelques semaines à l'origine, a duré trois ans ! Et le film a remporté la Palme d'or au Festival de Cannes en 1952. Mais comme il avait été lâché par les Américains et les Français, il avait annoncé que son film était marocain !* »

Le port d'Essaouira, surnommé le port de Tombouctou, accueillait autrefois les caravanes venues d'Afrique chargées d'épices et d'or, un lieu central pour le commerce de la région. C'est donc un carrefour du monde peu exploré que va adopter et révéler Orson Welles.

Autour de nous, des canons sont alignés face à la mer dans un espace circulaire. On ne peut s'empêcher de penser à Saint-Malo, la ressemblance est effectivement flagrante. Il y a du vent à Essaouira, de l'air léger, dans la médina comme sur la plage. C'est une ville aérée avec son vent chaud et mesuré. Turquie, Algérie, Grèce, France, Essaouira fait voyager à travers le monde.

Tous les cultes sont représentés ; la population francophone est éclectique. Mahi aime le rappeler avec une sorte de fierté. « *C'est la seule ville dans le monde arabe qui a comporté, à un moment de son histoire, plus de juifs que de musulmans, et tout fonctionnait très bien. Une synagogue est encore présente ici, juste à côté. Il y a aussi une église aujourd'hui à Essaouira, et c'est là encore la seule ville du Maroc où elle a le droit de sonner les cloches. Ce sont les habitants d'Essaouira qui ont autorisé et exigé cela !* »

Des musiciens jouent dans ce quartier fortifié de la Scala devant un public réduit qui s'attarde face à eux au cours de leur visite.

La musique est très présente dans les rues de la médina, une musique avec des instruments traditionnels, mais aussi un son rythmé par les palabres, les marchands de rue, la foule intense en soirée.

La musique fait partie d'Essaouira. Elle contribue au voyage et revêt des aspects mystiques avec le Festival Gnaoua et Musiques du monde qui accueille des artistes du continent africain, et qui génère des rencontres. La ville est le berceau, la source de cette culture musicale et des Gnaoua, un patrimoine porté avec fierté par les mâalems, maitres de l'art jugés dignes d'instruire et de transmettre. Abdeslam Alikane, mâalem lui-même, cofondateur du festival, nous reçoit chaleureusement dans la douceur, avec une forme de pédagogie, en habit gris traditionnel orné d'un liseré central de tissu marron et une coiffe marocaine assortie.

« C'est l'entourage qui te désigne comme mâalem. Avant la musique, avant la connaissance et avant le métier, il y a le respect en premier car c'est un rituel, il y a quelque chose de religieux dans nos transes. On ne fait pas cela pour danser ou s'amuser, mais pour guérir les corps et les âmes. »

Dans une ruelle de la médina, des ateliers enseignent la musique gnaoua et la maîtrise des instruments de percussion. Des tapis multicolores sont posés au sol, et les élèves pieds nus en chemises échancrées ou t-shirts larges entourent leur professeur en faisant un grand cercle. Le volume sonore est très élevé quand tout le monde se met à jouer.

À Essaouira, on recense trente maisons de musiciens gnaoua. Les artistes se retrouvent et produisent de petits spectacles dans l'intimité, en petit comité. Des mâalems se rencontrent. Le privilège de les voir se côtoyer et s'échanger des politesses pour nous offrir un morceau de musique gnaoua provoque une vive émotion.

C'est en sortant de la médina, en longeant un grand parking, que nous apercevons un quartier résidentiel avec des maisons basses traditionnelles construites en pierres et en terre. Nous pénétrons dans l'une d'elles par un petit portail et arrivons directement dans une vaste pièce carrée. Une banquette habille tout un angle et se prolonge sur la longueur des deux murs. Au-dessus de cette banquette, des carreaux de mosaïque bleus, beiges et turquoise sont posés jusqu'à la mi-hauteur.

Un mâalem venu de Casablanca laisse la politesse à Abdeslam Alikane pour jouer du guembri, l'instrument de musique à cordes pincées traditionnel de la culture gnaoua du Maroc, mais que l'on trouve aussi en Tunisie, chez les Touaregs et les Berbères, et au Mali. Le guembri est en effet un dérivé du n'goni africain. La caisse de résonance est brillante et luisante. Fabriquée en peuplier, avec une peau de dromadaire tendue, elle est ornée de pièces en métal argenté. Certains guembri sont fabriqués avec des carapaces de tortue, mais celui que l'on a devant nous est rectangulaire et décoré avec minutie. De couleur dorée avec des points rouges bien alignés qui forment une grille, la caisse est complétée par un manche rond en bois foncé.

Quand le mâalem joue, c'est l'Afrique et l'Orient qui entrent en fusion sonore. Les notes sont sèches, les vibrations des cordes se font entendre, et pourtant, la douceur et la chaleur qui s'en dégagent nous baignent de réconfort. Dans ce bain de sons, on perçoit toute la transmission que ces musiciens mystiques ont longtemps entretenue à travers le temps. Ils sont les gardiens du temple, et leurs regards, leurs sourires, leurs corps inclinés vers nous versent un torrent d'humanité.

Toute l'histoire d'Essaouira est liée à cette musique en raison du port de commerce qui, par le passé, a vu débarquer des esclaves et des caravanes africaines chargées d'épices et d'or. La ville était aussi connue pour abriter l'une des plus grandes usines à sucre au monde. Quand sont arrivées les ethnies de l'Afrique subsaharienne, la culture africaine s'est mélangée à la culture marocaine.

La chanteuse malienne Fatoumata Diawara aime se produire à Essaouira. Star internationale, pleine de vie et de joie, Fatoumata est une lionne bienveillante qui voyage dans le monde, et notamment sur le continent africain. Invitée du festival gnaoua, elle a multiplié les rencontres et les collaborations.

« *J'aime le partage et la générosité. La musique gnaoua est l'équivalent de la musique que l'on entend au Mali chez les Donsos. C'est une musique qui est restée très mystique chez nous. Une femme ne devient pas Donso, par exemple, car c'est la musique des guerriers. Mais qui dit guerrier dit guérisseur, donc c'est la musique qui guérit notamment les âmes. Moi, je suis partie très jeune, comme une guerrière, toute seule, avec un père spirituel qui m'avait dit : pour pouvoir écrire ta propre histoire, il faudra créer ton propre stylo. C'est une phrase qui a bouleversé toute ma vie. J'ai appris qu'on ne peut pas devenir fort sans être sensible, et c'est mon cas. Je ris de tout et je pleure de tout. Tout peut se renverser très rapidement avec moi. Tout est à fleur de peau. J'ai retrouvé la même chose chez des artistes masculins ici.* »

Les mâalems confirment que c'est la force et la sensibilité mélangées qui font l'intensité de la musique gnaoua. La fragilité conduit à devenir fort.

Tous les textes de Fatoumata Diawara sont fondés sur cette philosophie humaniste.

« Quand je suis au Maroc, je suis à la maison. Avec ces musiques ancestrales, on pourrait trouver un lien et une connexion pour unifier l'Afrique et se dire que nous sommes les mêmes et que nous ne faisons qu'un. J'aimerais qu'il n'y ait plus de pays en Afrique. C'est dur à dire car c'est vrai qu'il y a une diversité inouïe. Chaque pays a une force culturelle et ses différences, mais on a tellement perdu de temps sur cette question des différences. Il n'y a plus de frontières, on est tous africains. On aime l'Afrique, on la porte haut et fort. Pour nous unifier, commençons par la musique. L'humain est devenu trop complexe pour la nature. »

En sortant du riad où nous avions échangé ces propos, Fatoumata était en habit de scène. Sa robe satinée, multicolore, ample et majestueuse, sa coiffe haute et ses chaussures pailletées à talon esquissaient une déesse. En traversant la médina, les Souiris et les visiteurs étrangers la regardaient passer, médusés, des étoiles dans les yeux.

Le voyage réserve des surprises. Ceux qui étaient autour de nous ce soir-là doivent avoir encore en mémoire cet instant fugace, cette apparition que l'on ne peut vivre qu'en allant à la rencontre des peuples et des cultures du monde.

*

Combien de voyages avons-nous faits dans notre vie ? Que recherche-t-on, à partir loin de chez soi ? Il arrive que l'on fasse un point sur son existence en quantifiant les départs, les déplacements lointains et les changements de lieux, aussi ponctuels soient-ils. Nous savons tous que nous ne pourrons pas visiter tous les lieux de nos envies. Mais à chaque départ, on magnifie le voyage. Nous imaginons un ailleurs qui va nous ressourcer, nous cultiver, nous enrichir de nouvelles traditions et cultures. Et pourquoi ne pas se projeter sur une nouvelle vie dans un nouveau lieu ? Ce fantasme permet de rêver, mais aussi de penser à vivre autrement. Quitter la routine et les soucis, tout plaquer pour se repenser et s'intégrer dans un autre environnement salvateur, c'est sans doute cet objectif que l'on cherche à atteindre.

Voir le monde est un moyen de se situer, de se repositionner dans un quotidien que l'on souhaite toujours meilleur. Pourtant, les obstacles affectifs dissipent ces élans. Il y a toujours dans sa ville et son pays d'origine des êtres que l'on ne peut pas quitter soudainement alors que l'on est, de surcroit, installé et souvent inscrit dans un certain confort. Comment partir définitivement pour rejoindre le lieu qui nous a fascinés lors d'un séjour de vacances ou de travail ?

Certes, il y a des pays où l'on ne s'imagine jamais vivre, mais il y en a d'autres où le rêve est possible, où la question se pose. Il faut alors mesurer sa capacité à s'intégrer dans la population locale, à habiter un endroit forcément moins idyllique que celui que l'on a occupé quelques jours seulement. Tout bascule alors dans nos esprits, et le renoncement est aussi soudain que les projections de départs initiales.

J'ai toujours conçu le voyage comme un effort. Accepter un long vol dans un avion bondé, arriver dans l'inconnu, s'affranchir des habitudes et de ses proches. Le départ est compliqué, angoissant, chargé d'incertitudes, mais il revêt toujours la notion d'aventure. C'est ce qui motive, ce qui décide à se prendre par la main et à oser ! Oser la découverte, oser les rencontres, risquer une forme de précarité ponctuelle. C'est en dépassant les peurs et en se libérant des conventions que l'on a soi-même établies que l'on peut partir apaisé. Et c'est à ce moment-là que le voyage commence vraiment dans la plénitude.

Je n'ai regretté aucun de mes voyages, même les plus incertains ou les plus dangereux, car j'en suis revenu chargé d'émotions et surtout empli de l'énergie des autres, rythmé par une petite musique intérieure. Ces souvenirs restent ancrés et participent à la suite de ma vie. Ces moments vécus ont alimenté mon esprit, laissant chaque fois des moments inoubliables qui ont construit ce que je suis, ce que je deviens.

Playlist

Au cours de l'écriture de ce livre, j'ai pensé à des musiques, j'ai écouté des titres qui m'ont porté ou qui ont un rapport avec ces récits de voyages. Certaines de ces chansons sont citées dans les chapitres, d'autres évoquent des thèmes ou produisent des mélodies qui ont un sens pour moi. Voici donc quelques morceaux à écouter en lisant cet ouvrage ou en parallèle.. juste pour le plaisir.

1. Laurent Voulzy, *Belle-Île-en-Mer, Marie-Galante*
2. Kassav', *Nou Ped Chimen*
3. I Muvrini, *Umani*
4. Corsu Mezu Mezu, *Catena*
5. BTS/Coldplay, *My Universe*

6. Charles Aznavour/Elton John, *Hier encore*
7. Ziskakan, *Bato fou*
8. Maya Kamaty, *Santié Papang*
9. Grèn Sémé/Elida Almeida, *Zénès*
10. Ibrahim Maalouf, *Beirut*
11. Elissa, *Hanghanni Kaman Wi Kaman*
12. Stephan Eicher, *Ma vie préférée*
13. Zed Yun Pavarotti, *House*
14. The Avener, *Fly*
15. Arcade Fire, *Haiti*
16. Angèle, *Bruxelles je t'aime*
17. Noé Preszow, *L'Intime & le monde*
18. Les Cowboys fringants, *Ici-bas*
19. Les Cowboys fringants, *L'Amérique pleure*
20. Fatoumata Diawara, *Nterini*
21. Aziz Sahmaoui & University of Gnawa, *Saway*
22. Salif Keita/Cesaria Evora, *Yamore*

Liste des œuvres citées

Les poèmes de Guy Tirolien issus de *Balles d'or*, éditions Présences africaines, Paris, 1982 et *Anthologie de la nouvelle poésie nègre et malgache de langue française*, Léopold Sédar Senghor, Presses Universitaires de France, 1948.

Rékòt – Brisures de mots, Max Rippon, Jasor, 1995

Bitna, sous le ciel de Séoul, J.M.G. Le Clézio, Stock, 2018

La Théo des fleuves, Jean-Marc Turine, Esperluète, 2017

Quelle est la nuit parmi les nuits, Vénus Khoury-Ghata, Mercure de France, 2004

Une maison au bord des larmes, Vénus Khoury-Ghata, Balland, 1998

Un dimanche à la montagne, Daniel de Roulet, Buchet Chastel, 2006
La Suisse de travers, Daniel de Roulet, Héros-Limite, 2020
La Chambre des merveilles, Julien Sandrel, Calmann-Lévy, 2018
Le Sommeil le plus doux, Anne Gosciny, Grasset, 2016
Un aller simple, Didier Van Cauwelaert, Albin Michel, 1994
Dictionnaire amoureux de la Bretagne, Yann Queffélec, Plon, 2013
Les Noces barbares, Yann Queffélec, Gallimard, 1985
L'Insoumise de la porte de Flandre, Fouad Laroui, Julliard, 2017
Kukum, Michel Jean, Libre expression, 2019
Tiohtiá:ke [Montréal], Michel Jean, Seuil, 2023
Un thé dans la toundra, Joséphine Bacon, Mémoire d'encrier, 2013
Uiesh – Quelque part, Joséphine Bacon, Mémoire d'encrier, 2018
L'Amérique pleure, Les Cowboys fringants, La Tribu, 2019
Les Vulnérables, Mémona Hintermann, Michel Lafon, 2021

La Tour d'orgueil, Jean-François Samlong, Caraibeditions, 2023

Rapatriés, Néhémy Pierre-Dahomet, Seuil, 2017

Un ailleurs à soi, Emmelie Prophète, Mémoire d'encrier, 2018

Madrid ne dort pas, Grégoire Polet, Gallimard, 2005

Les Ombres filantes, Christian Guay-Poliquin, La Peuplade, 2021

Comment faire l'amour avec un nègre sans se fatiguer, Dany Laferrière, Les Editions du Rocher/Serpent à Plumes, 1999

Chronique de la dérive douce, Dany Laferrière, Grasset, 2012

Le Fou du roi, Mahi Binebine, Stock, 2017

Série *Les Tuniques Bleues*, Willy Lambil, Dupuis

Beyrouth, Juillet-août 2006, Mazen Kerbaj, L'Association, 2007

Crédits

Certaines citations intégrées dans ce livre sont issues d'extraits de reportages de La librairie francophone et de La librairie francophone estivale diffusés sur France Inter, RTS La Première, RTBF La Première, Ici Radio Canada première et sur RFI. Ces propos ont souvent été reformulés pour les besoins littéraires des récits mais ils respectent scrupuleusement la parole et l'intention des auteurs ou artistes concernés. Que les directions et présidences de ces chaînes et groupes audiovisuels soient remerciées pour leur confiance et leur soutien tout au long de ces années et de ces pérégrinations francophones.

Les émissions sont à retrouver en podcast sur le site radiofrance.fr. /franceinter/podcasts/la-librairie-francophone

LF *=> La Librairie Francophone*
LFE *=> La Librairie Francophone Estivale*

Michel Jean : LF : Diffusion : 30-04-2022 *France Inter- RTS La Première- Ici Radio Canada Première//* 1er-05-2022 *RTBF La Première.* **Joséphine Bacon** : LF : Diffusion : 07-01- 2017 *France Inter- RTS La Première- Ici Radio Canada Première //* 08-01-2017 *RTBF La Première.* **Jérôme Dupras** – *Les Cowboys Fringants* : LFE : Diffusion : 19 et 20- 08 -2017 *France Inter- RTS La Première- Ici Radio Canada Première – RTBF La Première //* 26-08-2017 *RFI.* **Mahi Binebine** : LFE : Diffusion : 28 et 29-07-2018 *France Inter- RTS La Première- Ici Radio Canada Première – RTBF La Première //* 11-08-2018 *RFI.* **Fatoumata Diawara** : LFE : Diffusion : 28 et 29- 07 -2018 *France Inter- RTS La Première- Ici Radio Canada Première – RTBF La Première //* 11-08-2018 *RFI.* **Néhémy Pierre-Dahomey** : LFE : Diffusion : 20 et 21- 07 -2019 *France Inter- RTS La Première- Ici Radio Canada Première*

– *RTBF La Première* // 03-08-2019 *RFI*. **Emelie Prophète** : LF : Diffusion : 02-02-2018 *France Inter- RTS La Première- Ici Radio Canada Première* // 03-02-2018 *RTBF La Première*. **Grégoire Polet** : LF : Diffusion : 11-03-2017 *France Inter- RTS La Première- Ici Radio Canada Première* // 12-03-2017 *RTBF La Première*. **Fouad Laroui** : LF : Diffusion : 24-03-2018 *France Inter- RTS La Première- Ici Radio Canada Première* // 25-03-2018 *RTBF La Première*. **Willy Lambil** : LFE : Diffusion : 13 et 14-08-2022 *France Inter- RTS La Première- Ici Radio Canada Première – RTBF La Première* // 20-08-2022 *RFI*. **Vénus Khoury-Ghata** : LF : Diffusion : 26-12-2009 *France Inter- RTS La Première- Ici Radio Canada Première* // 27-12-2009 *RTBF La Première*. **Mazen Kerbaj** : LF : Diffusion : 26-12-2009 *France Inter- RTS La Première- Ici Radio Canada Première* // 27-12-2009 *RTBF La Première*. **Mémona Hintermann** : LFE : Diffusion : 06 et 07 -08-2022 *France Inter- RTS La Première- Ici Radio Canada Première – RTBF La Première* // 13-08-2022 *RFI*. **Gilbert Pounia** – Maya : LFE : Diffusion : 06 et 07-08-2022 *France Inter- RTS La Première- Ici Radio Canada Première – RTBF La Première* // 13-08-2022 *RFI*. **Anne Goscinny** : LF : Diffusion : 11-06-2016 *France Inter- RTS La Première- Ici Radio Canada Première* // 12-06-2016 *RTBF La Première*. **Didier Van Cauwelaert** : LF : Diffusion : 10-06-2017 *France Inter- RTS La Première- Ici Radio Canada Première* // 11-06-2017 *RTBF La Première*. **Julien Sandrel** : LFE : Diffusion : 27 et 28- 07 -2019 *France Inter- RTS La Première-*

Ici Radio Canada Première – RTBF La Première // 10-08-2019 *RFI.* **Simonetta Greggio** : LFE : Diffusion : 10 et 11-07-2021 *France Inter- RTS La Première- Ici Radio Canada Première – RTBF La Première //* 16-07-2021 *RFI.* **Yann Queffélec** : LFE : Diffusion : 04 et 05-08-2018 *France Inter- RTS La Première- Ici Radio Canada Première – RTBF La Première //* 18-08-2018 *RFI.* **Tahar Ben Jelloun** : LFE : Diffusion : 09 et 10-07-2021 *France Inter- RTS La Première- Ici Radio Canada Première – RTBF La Première //* 25-07-2021 *RFI.* **Daniel de Roulet** : LFE : Diffusion : 18 et 19-07-2020 *France Inter- RTS La Première- Ici Radio Canada Première – RTBF La Première //* 1er-08-2020 *RFI.* **Blaise Hofmann** : LFE : Diffusion : 03 et 04-08-2019 *France Inter- RTS La Première- Ici Radio Canada Première – RTBF La Première //* 17-08-2019 *RFI.* **Max Rippon** : LFE : Diffusion : 1er et 02-07 -2017 *France Inter- RTS La Première- Ici Radio Canada Première – RTBF La Première //* 15-07-2017 *RFI.* **Jean-Marc Turine** : LF : Diffusion : 13-10-2018 *France Inter- RTS La Première- Ici Radio Canada Première //* 14-10-2018 *RTBF La Première.* **JMG Le Clézio** : LF : Diffusion : 24 et 31-03-2018 *France Inter- RTS La Première- Ici Radio Canada Première //* 25-03 et 1er-04-2018 *RTBF La Première.* **Christian Guay Poliquin** : LF : Diffusion : 25-12-2021 *France Inter- RTS La Première- Ici Radio Canada Première //* 26-12-2021 *RTBF La Première*

Cet ouvrage a été composé
par Nord Compo
et achevé d'imprimer en France
par CPI BRODARD & TAUPIN (72200 La Flèche)
pour le compte des Éditions Stock
21, rue du Montparnasse, 75006 Paris
en mars 2024

PAPIER CERTIFIÉ

Stock s'engage pour
l'environnement en réduisant
l'empreinte carbone de ses livres.
Celle de cet exemplaire est de :
400 g éq. CO_2
Rendez-vous sur
www.editions-stock-durable.fr

Imprimé en France

Dépôt légal : mars 2024
N° d'édition : 01 - N° d'impression : 3056611
39-07-3385/4